SV

Band 339 der Bibliothek Suhrkamp

Zbigniew Herbert

Im Vaterland der Mythen

Griechisches Tagebuch

Herausgegeben von

Karl Dedecius

Suhrkamp Verlag

Der Band enthält ausgewählte Gedichte, Dialoge und Essays aus Büchern und Manuskripten von 1956 bis 1973. Die im Werkverzeichnis aufgeführten Bücher verlegte alle Czytelnik Warschau, bis auf den Band »Dramaty«, der in Państwowy Instytut Wydawniczy erschienen ist.
Übersetzung aus dem Polnischen von Karl Dedecius, Klaus Staemmler und Walter Tiel.
Einzelnachweise siehe Inhaltsverzeichnis.

Suhrkamp Verlag Frankfurt am Main
7. und 8. Tausend 1980

Druck: Nomos Verlagsgesellschaft, Baden-Baden
Printed in Germany

Fragment einer griechischen Vase

im vordergrund
der stattliche körper eines jünglings

das kinn auf die brust gestützt
das knie angezogen
der arm wie ein toter zweig

    er hat die augen geschlossen
    er entsagt sogar Eos

ihre in die luft gekrallten finger
und aufgelösten haare
und auch die linien ihres gewandes
bilden drei kreise des leids

    er hat die augen geschlossen
    er entsagt der kupfernen rüstung

des herrlichen helms
geschmückt mit blut und schwarzem federbusch
des zerbrochenen schilds
und des speers

    er hat die augen geschlossen
    er entsagt der welt

die blätter hängen herab
in der stillen luft
der ast zittert
berührt vom schatten entfliehender vögel

und nur die versteckte grille
in den noch lebenden haaren Memnons
verkündet das überzeugende
loblied des lebens

Versuch die griechische Landschaft zu beschreiben

Für Magda und Zbyszek Czajkowski

Nach Griechenland fuhr ich, um der Landschaft zu begegnen. Die griechische Kunst nämlich kann man in den europäischen Museen einigermaßen kennenlernen. Die schwüle Nacht auf dem Deck des Schiffes, das die klassische Route von Brundisium nach dem Piräus befuhr, war voller Fragen nach der Farbe des Himmels, des Meeres und der Berge.

Ich war der Meinung, die italienische Landschaft werde sich hier fortsetzen. Doch schon frühmorgens, als am Horizont die ersten Inseln auftauchten, das Steilufer des Peloponnes und schließlich die Bucht von Korinth, begriff ich, daß ich etwas Unvergleichliches kennenlernen würde.

Es ist eine Landschaft, die sich durch ihren Charakter der Beschreibung entzieht. Unmöglich, einen Ort zu finden, der nur annähernd eine Summe wäre, eine Synthese der visuellen Erfahrungen des Reisenden, unmöglich, aus der Verflechtung von Himmelsblau, Gebirge, Wasser, Luft und Licht ein Stück herauszuschneiden und zu sagen: das ist Griechenland. Natürlich kann man meinen, so sei es immer mit einer vielfältigen Landschaft, doch hier geht es nicht um ihren Reichtum. Eine der intensivsten Erfahrungen, die mich in Griechenland nie verließ, war das Erlebnis der Bewegung, als öffneten sich die Augen unablässig für das schmerzhafte Drama der Geburt unserer Erde.

Berge sollten eine Landschaft mit majestätischer Stille erfüllen. Aber im Unterschied zu den Alpen haben wir hier ein unruhiges Sichüberschichten, ein heftiges Zusammenprallen der Erdmassen, tiefe Abgründe, unvermittelte Engpässe und dazwischen nur selten weite, meistens enge, gewundene Täler. Auf die Steilhänge haben Übermacht und Gewalt ihre Namen geschrieben.

Der Geologe sagt: Die in Griechenland überwiegenden Kalk-

und Dolomitgesteine beweisen, daß das Land Hunderte von Jahrmillionen vom Tethys-Meer überflutet war. Dieses Meer hatte den als Angara bezeichneten nördlichen Landblock (Mitteleuropa, Asien, Nordamerika) von dem südlichen Block Gondwana (Afrika, Südasien, Südamerika) getrennt. Das Mittelmeer ist ein Überrest des früheren Tethys-Meeres. Aus seinen Strudeln erhob sich durch die Kraft vulkanischer Ausbrüche das heutige Griechenland. Die Konturen der Länder und Meere hatten sich erst in der letzten Epoche der Erdgeschichte gebildet. Griechenland ist eines der erdbebenreichsten Gebiete unseres Globus. Auf der Halbinsel und den Inseln von Hellas ereigneten sich in historischer Zeit über 300 Beben.

Das Meer sieht man fast von jeder Erhebung. Es schließt den Horizont mit einer ebenen Linie ab, die Beruhigung gewähren sollte. Doch selbst wenn es still ist, wenn es nicht gegen die Erde anbrandet, erinnert seine tiefblaue Farbe daran, daß es ein Abgrund ist, bedeckt mit einem Spiegel.

Wer mit der Palette eines italienischen Landschaftsmalers hierher käme, müßte alle seine süßen Farben wegwerfen. Die Erde ist verbrannt von der Sonne, heiser von der Trockenheit, sie hat die Farbe heller Asche, manchmal ist sie grauviolett oder hochrot. Die Landschaft liegt nicht nur vor Augen, auch von der Seite, vom Rücken her spürt man ihr Andrängen, ihre Belagerung, ihre intensive Gegenwart. Nur hin und wieder eine hohe Eiche – der Zeus der Bäume. An die Hänge geheftet sind Klümpchen von Grün, kleine, hartnäckige Sträucher. An den Wegen auf den sanfteren Erhebungen – der wilde Ölbaum mit seinen schmalen, fingerförmigen, beweglichen, auf der Unterseite grün-silbernen Blättern. Unmittelbar auf der Erde Quendel, Thymian, Minze – das Aroma der Hitze.

Zwischen Licht und Schatten die scharfe, wie mit einem Diamanten eingeritzte Linie, ohne jenes Spiel von Grautönen und Halbschatten, das wir aus den Ländern des Nordens kennen. Die Griechen haben die Steine ihrer Tempel mit Malereien bedeckt, um nicht geblendet zu werden. Doch ehe ihre Heiligtümer sich in der Sonne erhoben, schlug Griechenlands Herz unter der Erde. Bei den Grotten, Labyrinthen, Klüften muß man mit der Wanderung beginnen. Dies soll ein Versuch sein, die Landschaft und das, was unmittelbar aus ihr hervorgeht, zu beschreiben.

Das Dorf heißt Psychro. Es liegt zu Füßen eines der höchsten Berge Griechenlands, des Dikte. Auf die wenigen Ankömmlinge wartet ein Führer, ein hochgewachsener, schwarzhaariger Kerl, er führt sie in scharfen Serpentinen aufwärts bis zu der Stelle, wo sich eine Grotte auftut, in der, einer der Sagen zufolge, Zeus geboren sein soll.

Im besonnten Berghang klafft plötzlich eine kohlschwarze Höhle. Der Führer steckt Kerzen an. Die Neigung des Bodens ist stark. Schon nach wenigen Schritten verdichtet sich die Dunkelheit; wir werden von Kälte und steinerner Feuchtigkeit durchdrungen. Schwarze Stalaktiten – die Säulenhalle eines wahnwitzigen Architekten, enge Korridore, Kammern steigern den Eindruck vom klebrigen, biologischen Geheimnis der Geburt.

Die Grotte teilt sich in zwei Teile, deren oberer die Opferstätte war. Es haben sich Reste erhalten, in denen die Archäologen Spuren eines Altars erkennen wollen. Natürliche Stufen führen zum zweiten Teil, der ein gutes Dutzend Meter tiefer liegt und teilweise von Wasser überflutet ist. Hier hat man Votivgaben aus der minoischen und mykenischen Epoche gefunden.

Je weiter man zu dem kleinen unterirdischen See hinabsteigt, der den Kerzenschimmer hart wie schwarzer Marmor zurückwirft, desto dichter wird die Dämmerung, sie preßt sich immer stofflicher, stickiger um den Körper, so daß man ihre bedrohliche Gegenwart mit einem Schrei verscheuchen möchte. Warum wurde gerade dieser Ort zur Wiege des Himmelsgottes auserwählt? Hätte er nicht vielmehr auf einem Berggipfel geboren werden müssen oder in einem weiten, sonnenerfüllten Tal? Warum wurde sein Ursprung in die Tiefe einer Höhle verlegt?

Die griechische Religion war eine Synthese von Erde und Himmel. Sie hat vorgriechische Elemente aufgenommen – kretische, asiatische, ägyptische. Sie assimilierte die alten Mittelmeertraditionen bäuerlicher Kulte stark mystischer Prägung mit einer ganzen Plejade weiblicher Erdgottheiten und der Großen Mutter, der Patronin der Fruchtbarkeit, an der Spitze. Zeus, wohl der griechischste der griechischen Götter, war nicht frei von diesen Einflüssen. Geboren in einer Erdkluft, aufgezogen von der Nymphe oder Ziege Amaltheia (die man als Verkörperung der Großen Göttin ansehen kann), war er zunächst eine Gottheit zweiten Ranges. Sein späterer Kult und seine Ansiedlung auf dem olympischen Thron ist verbunden mit der neuen, nun schon griechischen religiösen Strömung, die von Hirten (und nicht von Bauern) herrührt. Kennzeichen dieses Kultes waren, wenn nicht der Verlust, so doch gewiß die Einschränkung des mystischen Elements, das Übergewicht männlicher Gottheiten, die Verlegung des Sitzes der Weltherrscher aus der Erdtiefe an den Himmelsrand. Die Grotte des Zeus Dikteon Andron ist die dunkle Wiege der neuen Lichtreligion.

Der Ausstieg aus der Grotte ist eine Befreiung von schwüler Dunkelheit. Vor den Augen die große Lassithi-Ebene – die fröhliche Geometrie bestellter Felder. Wie weiße Sonnenblumen drehen sich in der Sonne die ausgespannten Leinensegel der Windmühlen. Intensives Flimmern von Weiß, Gelb, Grün. Ein Tal des Lebens, auf allen Seiten von unfruchtbaren Bergen umstellt.

Epidauros, auf den Karten – wer weiß warum – am Meeresufer liegend, ist in Wirklichkeit drei Stunden Fußmarsch von ihm entfernt. Ehe man das Heiligtum des Asklepios erreicht, muß man einen grünen Vorhof, einen in diesem verbrannten

Lande unerwarteten Garten mit hohen Bäumen und saftigem Gras passieren. Es gibt wohl in ganz Griechenland kein Fleckchen Erde, das sich besser eignete zur Kultstätte des gutmütigsten Gottes im griechischen Olymp, so wie ihn die Bildhauer darstellen, lächelnd und seine gesundmachende Hand auf den Leib der Betrübten, Kranken und Hilfesuchenden legend.

Das Heiligtum ist weiträumig; auf einer grauen Ebene sind die Reste von Altären, Säulenhallen und Tempeln verstreut. Das rätselhafteste und interessanteste Gebäude ist der Tholos in der Nähe des Asklepios-Tempels, ein Rundbau aus zwei konzentrischen Säulenringen, im Inneren reich skulptiert und bemalt. Ein wahres Rätsel ist das tief in die Fundamente eingemauerte Labyrinth, der verwickelte unterirdische Teil. Sein Querschnitt erinnert an einen Maulwurfshügel. Man weiß, daß Reptilien und unter der Erde lebende Tiere für die Griechen Verkörperungen der chthonischen Kräfte waren. Ehe Asklepios das milde menschliche Gesicht annahm, war er ein Maulwurf. Das Labyrinth unter dem Tholos im sonnigen Epidauros ist die dunkle Wurzel dieses Mythos.

Das Ritual, dem die auf Hilfe des Gottes wartenden Kranken unterworfen wurden, war einfach. Nach Darbringung ihres Opfers wurden sie in den Tempel geführt, wo sie eine Nacht auf den noch blutigen Häuten der Opfertiere verbringen mußten. Wichtigster Teil der Behandlung war die Inkubation, das Warten auf den Schlaf, in dessen Verlauf der Gott in unmittelbaren Kontakt mit den Patienten trat. Vorher empfahl man Fasten und körperliche Enthaltsamkeit, um die günstigsten Bedingungen für die Inkubation zu sichern.

Bis zu achthundert Kranke hielten sich gleichzeitig in Epidauros auf. Im dritten Jahrhundert vergrößerte man den Portikus, der zugleich den Vorhof des Tempels bildete. Das nächste Dorf lag eine Wegstunde entfernt. Die Pilger schliefen dann sub Iove. Erst im zweiten Jahrhundert baute man für sie eine Herberge.

Die antiken Texte schweigen über Epidauros. Die Klassiker

interessierten sich kaum für Angelegenheiten des einzelnen und schenkten offenbar den kleinen Krankheiten der kleinen Leute keine allzugroße Beachtung. Es bleiben also die unmittelbaren Zeugnisse: Votivgaben, Dankinschriften, jedoch die neueren Forscher bewahren ihnen gegenüber weitgehende Zurückhaltung.

Es fällt nämlich schwer – selbst wenn man einen gehörigen Respekt vor Wundern hat –, an die fünfjährige Schwangerschaft der Kleo zu glauben, die mit einer glücklichen Entbindung endete; die so zur Welt gebrachte Tochter badete sogleich allein in einer Quelle und ging dann auch noch mit ihrer erfreuten Mutter spazieren. Wahrscheinlicher ist die Heilung jenes stummen Mädchens, das beim Anblick einer Schlange vor Angst aufschrie und dann zu sprechen begann. (Die Umgebung von Epidauros war voll von großen, gelben, sanften Schlangen, Asklepios' Helferinnen, die überall herumkrochen und im Inkubatorium nisteten.) Die in den Dankinschriften berichteten Geschichten sind nicht ohne Humor und Charme. Da hatte ein Sklave den Lieblingspokal seines Herrn zerschlagen. Entsetzt begab er sich nach Epidauros, die Scherben des teuren Gefäßes in einem Sack mit sich tragend. Und der gute Asklepios heilte dieses Mal den Pokal.

Gewiß waren Unfälle und Krankheiten der Patienten des Asklepios verschiedenartig und nicht immer eingebildet. Es kamen auch schwere Erkrankungen vor, wovon die schweigende Galerie der in Stein geformten, dem Gott dargebrachten Teile des menschlichen Körpers zeugt. Doch scheint die Vermutung recht zu haben, nach der die Therapie des lächelnden Gottes auf einer vernünftigen Verbindung der Diätetik und Hygiene mit der Suggestion beruhte und mit Magie nichts zu tun hatte. Der Gott empfahl, den Kopf vor der Sonne zu schützen, Milch mit Honig als Abführmittel zu trinken, spazierenzugehen, den Körper sauberzuhalten. »Klinatas aus Theben«, lautet eine der Inschriften, »hatte eine Unmenge von Flöhen am ganzen Leibe; er kam in das

Hieron und hatte folgende Vision: ihm war, als zöge der Gott ihn aus, nähme eine Bürste und reinigte den Leib von den Flöhen. Am nächsten Tage verließ Klinatas geheilt das Inkubatorium.«

Gewöhnlich meint man, die griechische Medizin habe ihren Anfang im Tempel genommen. Doch spricht vieles dafür, daß beide Disziplinen, das Wunderwirken wie das ärztliche Wissen, sich unabhängig voneinander bei sozusagen friedlicher Zusammenarbeit entwickelt haben. Hippokrates, der übrigens vor Scharlatanen warnte, hat ja zu Opfern und Gebeten vor allem gegen Melancholie und Alpträume geraten – ein Vorläufer der Psychotherapie. Das Asklepieion von Epidauros hatte eine Kette von Filialen in vielen griechischen Städten, und wir wissen, daß in der Athener Filiale ein Priester neben einem Arzt arbeitete. Nein, Aristophanes hatte wohl nicht recht. Die Komödie und ihre unerläßlichen Übertreibungen sind nicht die beste Quelle, die Probleme einer Epoche kennenzulernen. Asklepios war kein Gott der Scharlatane, das ist gewiß.

Aus Griechenland gelangte der Asklepios-Kult nach Rom, wo er vulgarisiert und durch die magischen Praktiken Ägyptens und Asiens getrübt wurde. Seine ursprüngliche Reinheit gewann er – scheinbar paradoxerweise – zur Zeit des Christentums wieder. Die Märtyrergräber übernahmen die Kette der Inkubatorien in den Asklepieien. Die Namen wandelten sich, doch die Methode der heiligen Thekla aus Seleucia, des heiligen Johannes aus Ägypten oder des heiligen Kosmas und Damian blieb im Grunde die gleiche.

In Epidauros befindet sich das schönste antike Theater der Welt. Seine unmittelbare Nachbarschaft zum Hieron des Asklepios scheint die heilende Funktion des griechischen Dramas zu bezeugen. Niemand vermochte wohl besser als die Griechen, die Architektur der Landschaft als Vollendung und Krönung einzufügen. Kann man den Tempel mit einer Baumgruppe vergleichen, so ist das Theater ein Felsenkessel.

Das Werk wird dem jüngeren Polyklet zugeschrieben. Der Architekt hat weder mit harter Geometrie noch mit kaltem Maßstab in die Landschaft eingegriffen. Das Theater in Epidauros, mit dem Rücken an den Berghang gelehnt, ist ein des Parthenon würdiges Werk.

Um im Rhythmus der fünfundfünfzig Reihen des ansteigenden Zuschauerraumes Monotonie zu vermeiden, hat der Künstler die traditionelle Gliederung in zwei Teile, bezeichnet durch den Diasoma genannten Durchgang, benutzt: der obere Teil des Zuschauerraumes neigt sich in anderem, schärferem Winkel zur Bühnenebene als der untere. Auch bildet der Unterrand des Koilon mit dem Rund der Orchestra kein konzentrisches Kreispaar, als hätte man das Zusammentreffen zweier geometrischer Figuren abschwächen wollen.

Die Führer zerreißen Papier, sie flüstern im Halbkreis der Szene, um die vorzügliche Akustik des Bauwerks zu demonstrieren; wenn sie verstummen, muß man sich in die heißen Steine des Koilon vertiefen und sich dem ewigen Festspiel der Berge, Bäume und Wolken hingeben.

Man kann die gewellte Ebene der Argolis, deren Hügel sanft werden in der Vorahnung des nahen Meeres, ein Dutzend Kilometer weit überblicken.

»Da liegt das goldreiche Mykene und der blutbefleckte Palast der Pelopiden.«

Die Reste des Goldes befinden sich jetzt im Athener Museum. Der Palast ist eher eine düstere Festung. Nur Blut und Steine sind geblieben. Wo die Chaussee eine Kurve beschreibt, zeigt sich den Augen plötzlich die griechische Hauptstadt des Verbrechens. Selbst dem, dessen Gepäck an mythologischen Reminiszenzen bescheiden ist – macht Mykene unabweislich den Eindruck eines von der Tragödie heimgesuchten Ortes.

Die Akropolis hat die Form eines ungeschickt gezeichneten Dreiecks, die Basis etwa 200 Meter, die Seiten je 300 Meter lang. Die Festung erhebt sich auf einem Erdbuckel und ist

von zyklopischen Mauern umgeben; sie trennen auf beiden Flanken die steil abfallenden Hohlwege von den benachbarten nackten Hängen.
Das Ganze wirkt streng und riesig, obwohl die Kraft Mykenes nicht auf gigantischen Ausmaßen beruht. Infolge der lebhaften Modellierung des Geländes wirkt alles größer, als es in Wirklichkeit ist. Die Landschaft ist wild, verschlossen. Der von den Berggipfeln zerfetzte Himmel läßt über Mykene die geronnene Wolke des Unheils hängen.
Die zyklopischen Mauern sind ein Meisterwerk der Konstruktion, da sie dreieinhalb Jahrtausende lang den Ungewittern der Geschichte widerstanden haben. Ihr Name ist treffend, sie scheinen mehr ein Werk der Natur als des Menschen zu sein. Sie erinnern an Felsen, die eine Gletscherstirn in dieses enge, von Schluchten zerrissene, auf zwei Seiten von Bergen verstellte Tal geschoben hat.
Ihre namenlosen Erbauer waren bestimmt geniale Architekten. Sie besaßen ein Wissen von der Natur des Steins, das nur wenige Vergleiche zuläßt. Die Blöcke sind nur scheinbar unbehauen, sie haben unregelmäßige Seiten, Spalten wurden mit kleineren Steinen ausgefüllt, die der Konstruktion Elastizität, eine natürliche Muskulatur verliehen, wodurch sich das Geheimnis ihrer Langlebigkeit erklärt.
Der genius loci entspricht genau dem, was wir von Mykenes Herrschern wissen. Die Banden der Achäer, die ersten indoeuropäischen Eroberer Hellas', begannen ab 2000 v. Chr. nach Griechenland einzudringen. Schnell gewannen sie die Herrschaft über die peloponnesische Halbinsel. Ihr Hunger führte sie weiter südwärts – nach Kreta, dessen Glanz die Barbaren blendete. So entstand eine gemischte Zivilisation, sie verband Elemente, die wie Feuer und Wasser entgegengesetzt sind: nordische und mittelmeerische. Fast der ganze »art mineur« der Mykener ist eine Kopie der ägäischen Kunst. Die raffinierte Goldschmiedkunst mit ihrer prächtigen Zeichnung, die Tauben-Rhytone (an einem Ort, wo man

sich eher Geier denken kann), die raschelnden Halsketten aus goldenen Blättern – all das suggeriert das süße Leben der mykenischen Feudalherren. Deshalb muß man hierher kommen, in den Ring der dicken Mauern, der zusammengedrängten Häuser, des engen und gewiß dunklen Palastes, des kreisförmigen, düsteren Friedhofs innerhalb der Festung, um den Abgrund zu verstehen, der die aus dem Norden entlehnte Zitadelle von den sonnigen Versailles-Schlössern der Kreter trennt.

Die Achäer unternahmen Raubzüge von wahrhaft normannischem Schwung, die Kleinasien (nicht nur Troja, denn auch hethitische Texte bewahren ihren Namen), Kreta, Italien erfaßten. Sie kehrten heim mit Vieh, Gold und Sklaven. Das Löwentor schlug zu; sein Relief konnte jene lähmen, die Gerechtigkeit suchen wollten. Man hat treffend bemerkt, daß die Landkarte von Griechenlands Heldensagen (die Kriegsgründe wurden in der Mythologie poetisch sublimiert) genau mit den mykenischen Zentren übereinstimmt.

Wenn es dämmert, setzt man sich am besten an den Weg, der zum Agamemnon-Grab führt (ein Bienenkorb aus behauenen Steinen), und wirft noch einmal einen Blick auf die zyklopischen Mauern und auf die getürmten Ruinen Mykenes. Die Nacht steigt herab von den Bergen, doch das Nest der Atriden glänzt noch rötlich wie altes Gold und altes Blut.

Damals hat die griechische Landschaft mit der Stimme des Mythos und der Tragödie zu mir gesprochen. Das war der dominierende Eindruck. Jetzt, aus der Perspektive der Entfernung, weiß ich, daß dieser Eindruck sich tief in mein Gedächtnis geprägt hat. Die aufdringliche Gegenwart der Erde, der stark skulptierten Felsmassen wird gesteigert durch die Nichtigkeit des Pflanzenüberzugs. Die großen Bäume – Pappel, Eibe, Eiche – wachsen in den Tälern, aber der Wald zieht sich überall zurück vor der Macchia, vor dem Angriff der kleinen, dornigen Sträucher, die alles überdauern.

Aus historischen Überlieferungen wissen wir, daß einst Zedern- und Zypressenwälder die heute nackten Hänge der kretischen Berge bedeckten. Die Umgebung von Olympia war reich an Pappeln, doch fielen diese einer Vorschrift zum Opfer, nach der nur sie das Holz liefern durften, das man bei den Opfern benutzte. Die heutige griechische Landschaft ist also wilder und ärmer an Grün als die der Antike.

Gleichwohl gibt es auch heute kleine Flecken der Stille – Haine, in denen man sich Sokrates mit Phaidros redend vorstellen kann. Selbst mitten in Athen, einer Stadt voll Lärm und fieberhaftem Herumlaufen, kann man von der verkehrsreichen Straße Leophoros Dionysiou Areopagitou, die zu Füßen der Akropolis verläuft, abbiegen und auf den gewundenen Wegen des Musenhügels verschwinden. Es tut gut, abends hierher zu kommen und unter Myrthen, Lorbeeren und Zypressen umherzuirren. Die Bäume sind nicht hoch, sie weichen nicht viel von der Größe eines gut gewachsenen Mannes ab und sind in der Dämmerung so menschengestaltig, daß man Lust hat, sie zu grüßen, stehenzubleiben, sich zu unterhalten.

Dieses besondere Gefühl der Verbrüderung mit der Natur, der Leichtigkeit, mit der sie sich in menschliche Gestalten verwandeln läßt, habe ich in keinem anderen Lande erfahren. Deshalb scheint es, als ob die Verwandlung der Bäume in Dryaden ein Ergebnis nicht so sehr der blühenden Phantasie der Griechen sei als vielmehr der scharfen Beobachtung und des treffenden Erfassens der Zeichen der Umwelt.

Unweit von Athen, in Richtung Kap Sunion, befindet sich eines der ältesten Heiligtümer der Antike, Brauron. Der Weg führt durch Felder, verliert sich in sandiger Unwegsamkeit, weshalb die Ortschaft wohl nur selten von Touristen, die ja von Jahr zu Jahr mehr den Charakter von Pilgern verlieren, aufgesucht wird.

Zu Füßen der Akropolis ein Portikus in Form des Buchstaben pi; kurze dorische Säulen aus hellgoldenem Sandstein, proportional zu den niedrigen Hügeln der Umgebung, Erntegeruch und Zikaden – sie schaffen die besondere Atmosphäre eines Heiligtums in menschenleerer Gegend. Neben dem piförmigen Portikus, der das beherrschende Bauwerk ist und das architektonische Ganze abschließt, sind die Fragmente zweier kleiner Tempel – der Artemis und der Iphigenie – sowie das Haus der Priesterinnen ausgegraben worden. Herodot erwähnt, hier habe alle vier Jahre eine wunderliche Zeremonie stattgefunden. Junge Mädchen in safrangelben Kleidern wurden der Göttin geweiht. Sie trugen den seltsamen Namen ›Bärinnen‹. Die Alten erläuterten die Zeremonie damit, vor Zeiten habe man in Brauron eine der Artemis geweihte Bärin getötet und die rachsüchtige Göttin habe deshalb eine Seuche über die Gegend kommen lassen. Absicht des Mädchenopfers sei gewesen, die Göttin der Wälder um Verzeihung zu bitten.

Diese Interpretation dringt nicht allzusehr in die Tiefe. Ausgrabungen jüngster Zeit, die Reste einer prähistorischen Siedlung freilegten, lassen vermuten, daß die Festlichkeiten von Brauron das ferne Echo totemistischer Kulte eines vorgriechischen Clans sind, dessen Schutztier der Bär war.

Bären in Griechenland? Die letzten Exemplare dieser Gattung leben noch im Hochgebirge des Nordens – das heutige Griechenland scheint außerordentlich arm an Tieren zu sein.

Bei Bauarbeiten in der ersten Hälfte des 19. Jahrhunderts entdeckte man in der Ortschaft Pikermia nahe Athen durch Zufall einen Tierfriedhof. Diese Entdeckung wurde zur Sensation für die Naturwissenschaftler ganz Europas.

Aufgrund des Fundes kamen die Gelehrten zu dem Schluß, daß Griechenland unmittelbar vor der historischen Zeit ein Gebiet mit ungewöhnlicher, reicher und vielfältiger Fauna war. Hier lebten die Tiere des gemäßigten Klimas – Gemsen, Rehe, Bären – neben denen der heißen Zonen wie Antilopen, Elefanten, Hyänen, Nashörner, Affen, und ebenso die für kalte Länder charakteristischen Gattungen, z.B. der Moschusochse. Mächtige Raubtiere wie der Säbelzahntiger fehlten nicht, und der so oft in Skulpturen dargestellte Löwe war keineswegs, wie es scheinen könnte, ein Import der Phantasie.

Der Friedhof in Pikermia war die Folge eines Steppenbrandes; die fliehenden Wildrudel zerschellten am Fuße der Steilhänge in den Schluchten.

In Euripides' *Iphigenie auf Tauris* finden wir Brauron erwähnt. Der Text lautet:

Iphigeneia, du, auf den geweihten Höhn
Brauroniens sollst Priesterin der Göttin sein.
Dort wirst du auch begraben ruhn nach deinem Tod,
In schöngewobene Gewänder eingehüllt,
Die Frauen in den Todesnöten der Geburt
Zurückgelassen.

Zu Euripides' Zeiten war Iphigenie nur noch eine sterbliche Heroine. Vorher war sie eine Göttin der Fruchtbarkeit. Ihren Platz räumte sie der Artemis. Ähnlich war Helena zuerst eine Göttin, verwandelte sich dann in die Frau des Menelaos und wurde zur Ursache des unseligen Trojanischen Krieges. Was bedeuten diese Dethronisationen? Wahrscheinlich bestand in der Zeit unmittelbar vor der Geburt der Tragödie die Notwendigkeit, die Sagen zu kodifizieren, und so mußte eine Reihe lokaler Götter den gesamtgriechischen Gottheiten Platz machen.

Brauron hat die träge Atmosphäre alter, verlassener, dörflicher Höfe. Am Hang der Akropolis entspringt eine Quelle, und der Bach verschwindet unter den Fundamenten des piförmigen Gebäudes. Und wenn das Heiligtum von Brauron auch überlagert ist von vielen Sagen und weit zurückliegenden Glaubensvorstellungen, so scheint es doch, als hätte hier einst ein Tempel zu Ehren des Wassers gestanden – in einem Lande, wo eine Quelle eine Offenbarung ist.

Weit über die Grenzen der Phantasie und über die Grenzen jeder Beschreibung hinaus reicht die Landschaft von Delphi. Man hat über sie viele schöne Sätze gesagt: »Ein Ort, der in sich das Geheimnis und die Größe und die Furcht vor dem Göttlichen trägt«; »inmitten der kolossalen Auftürmung nackter Felsen thront der Tempel herrlich über der tragischen und erhabenen Einöde«; »riesige Kulissen der vom Zorn des blitzeschleudernden Gottes gemarterten Erde«. Und wenn die Sätze auch flüssig und literarisch glatt sind, verhalten sie sich doch zu dem beschriebenen Ort wie der Fingerring zum Kreis des Horizonts.

Der Mensch kam in diese Gebirgseinöde, um den Göttern ihr Geheimnis zu entreißen. Er heftete sich an den letzten Hang des Parnaß, den man übrigens von dort aus nicht sieht; und dieser Hang ist so wild, daß darauf vielleicht bis heute der nicht vertriebene Bacchos spazierengeht. Die Phaidriaden genannten Felsen fallen fast senkrecht aus einer Höhe von 300 Metern ab. Aus einer engen Spalte fließt die kastalische Quelle. Der dicht über der tiefen Schlucht des Pleistos ausgehauene Weg führt nach Westen in die Tiefe der Bergeinsamkeit, nach Süden in Richtung auf die Itea-Bucht. Von ferne sieht man unten das Meer wie eine Schlangenhaut glitzern.

Die Anfänge der Autorität Delphis, der geistigen Hauptstadt Griechenlands, sind schwer zu ergründen. Manche Forscher meinen, die Institution der Tyrannen habe dazu beigetragen. In Krisenaugenblicken hat die Autorität des Orakels ihre schwankenden Throne gestützt. Bezeichnenderweise waren das nicht nur hellenische Herrscher, sondern auch barbarische aus Phrygien und Anatolien: Gyges, Krösus, Midas Der letzte schenkte Delphi um das Jahr 740 einen goldenen Thron. War das ein Zeichen von Frömmigkeit? Marie Delcourt bemerkt treffend, der asiatische Fürst habe den Gott wie einen Menschen behandelt, der bestochen werden mußte.

In der Epoche Homers war Delphi bereits berühmt und

reich. Ein Mythos lehrt, der Ort habe anfangs Pytho geheißen, hier habe Gaia geherrscht, die Erdgöttin. Apollo begehrte, hier ein Heiligtum zu besitzen. Vorher mußte der weibliche Drache Python, eine Verkörperung chthonischer Mächte, getötet werden. Ein homerischer Hymnos vom Ende des 7. Jahrhunderts beschreibt das Ringen der beiden elementaren Mächte der griechischen Religion:

Nahe dabei fließt schön ein Quell. Der Herrscher Apollon
Tötete dort die Drachin mit seinem gewaltigen Bogen,
Ein gar riesiges, feistes und wildes Untier, das vieles
Elend schuf den Menschen im Lande, vielen von ihnen
Und auch stelzenden Schafen in Menge, ein blutiger Schrecken.
Wer der Drachin nahte, den raffte der Tag des Verderbens,
Ehe mit seinem starken Geschoß der Schütze und Herrscher
Phoibos sie traf. Sie lag, von wilden Schmerzen zerrissen,
Schrecklich stöhnend da und wand sich keuchend am Boden,
Und ein grauses Geschrei scholl unablässig. Im Walde
Wälzte sie sich ohne Ende nach allen Seiten und hauchte
Aus den blutigen Geist. Da rühmte sich Phoibos und jauchzte:
»Hier sollst du vermodern auf männernährender Erde.«

Der homerische Hymnus fährt fort, der Sieger habe sich auf die Suche nach Priestern begeben, die Wächter seines neuen Heiligtums und Kultes sein konnten. Mit einem Schiff in der Form eines Delphins sei er nach Kreta gefahren. Daher der neue Name Delphi.

Dieser zweite Teil des Mythos ist unklar, und manche interpretieren ihn als Beweis für den minoischen Einfluß auf den Mittelpunkt des neuen Kultes. Gegenwärtig ist man eher der Meinung, die apollinische religiöse Revolution habe im 7. Jahrhundert oder nicht lange davor stattgefunden, zu einer Zeit also, da Kreta schon seit ein paar Jahrhunderten eine Domäne der Griechen war. In naher Nachbarschaft des

Apollo-Heiligtums, an einem Ort namens Marmaria, haben die Erdgottheiten ihre Souveränität bewahrt, wovon Sphinxe und andere Symbole zeugen, die Phoibos fremd sind. Höchstwahrscheinlich war Pytho schon vor Apollos Ankunft Sitz eines Orakels. Obwohl über das Orakel von Delphi viele Bücher geschrieben wurden und obwohl alle Forscher seine ungeheure Bedeutung unterstreichen – befindet sich sowohl sein Funktionieren als auch seine politische Seite immer noch im Bereich der Mutmaßungen und Hypothesen. Emil Bourget sagt: »Unabhängig davon, ob es die letzten Heiden oder die ersten Christen waren, die aus sehr verschiedenen Gründen wünschten, daß sämtliche Spuren dessen verschwanden, was man den Mechanismus und die materielle Seite des Orakels nennen kann – das Ergebnis ist das gleiche: Die letzte Pythia hat ihr Geheimnis mitgenommen.«

Als Geliebte des Gottes mußte die Pythia anfangs eine Jungfrau sein. Später wählte man sie aus der Mitte der verheirateten Frauen; von nun an führte sie ein Ordensleben. Man befragte das Orakel einmal jährlich, dann alle drei Monate, aber im Zeitabschnitt der größten Autorität Delphis gab es auch Konsultationen außer der Reihe. Auch die Zahl der Wahrsagerinnen wuchs, aber sie überstieg nie die Ziffer drei. Die fixe Vorstellung von der Apollo-Priesterin hat sich bei uns durch die Bilder vieler Epochen befestigt: Eine Frau mit aufgelöstem Haar und offenem Mund sitzt, von Ausdünstungen der Erde betäubt, auf einem Dreifuß. Diese hysterische Vision hat mit den Realitäten nicht viel gemein. Man hat nämlich in Delphi keine Erdspalte entdeckt, der jene anregenden Dünste hätten entströmen können. Diese ganze Sage muß späteren christlichen Interpretatoren zugeschrieben werden, Origenes und Johannes Chrysostomos, die die feindliche Institution in teuflischen Schwefelgeruch haben versenken wollen.

Die Befragung des Orakels geschah in dem abgelegensten Teil des Tempels, im Adyton (Ort, zu dem man keinen Zutritt

hat). Die konsultierenden Personen reinigten sich in der kastalischen Quelle, entrichteten die vorgeschriebene Gebühr und assistierten beim Opfer. Wenn sich das Opfer als günstig erwies, betraten sie das Adyton. Die hinter einem Vorhang unsichtbare Pythia gab Antwort auf die gestellten Fragen.
Die sprichwörtliche Unklarheit der Weissagungen machte die Hilfe von Exegeten erforderlich. So waren die Antworten der Prophetin immer indirekte Antworten. Delphi war eine komplizierte Institution, deren – wenn man so sagen darf – Ehrenvorsitzender Apollo war; neben den Helfern der Pythia, den Priestern, die man die Heiligen nannte, haben hier allerdings die Botschafter der Einzelstaaten als Mittler zwischen der Residenz des Gottes und ihrer Heimatstadt mitgewirkt.
Wir kennen leider weder die Verfahrensweise noch die Hierarchie der einzelnen Würden, nicht einmal die Namen jener Mittler. Gründliche Forscher haben dieser uralten Konspiration den Namen eines kleinen athenischen Propheten und Exegeten des 5. Jahrhunderts entrissen. Er hieß Lampon, amtierte in Delphi, doch weiß man nicht, ob er akkreditiert war oder auf eigene Rechnung handelte. Man weiß von ihm nur, daß er eine wichtige Rolle spielte, indem er sich auf Perikles' Seite gegen Thukydides stellte. In der Umgebung Delphis war ein Widder mit einem Horn aufgetaucht. Lampon verkündete – und verschaffte dieser Verkündigung entsprechende Verbreitung –, der athenische Staat werde in Kürze aufhören, zwischen zwei politischen Systemen zu oszillieren, und Thukydides, der Chef der Aristokratenpartei, werde Perikles weichen müssen.
Aus diesem Einzelfaktum darf man jedoch keinen allgemeinen Schluß ziehen, auch nicht den, Delphi habe stets die demokratischen Kräfte unterstützt. Aristoteles sagt, die Botschafter der griechischen Städte in Delphi seien Stützen der Tyrannen gewesen. Infolge der Bruchstückhaftigkeit der Quellen sind wir zum Leidwesen aller Anhänger sicheren

Wissens (auch im Bereich der göttlichen Dinge) zu Hypothesen verurteilt, und zu jeder These lassen sich starke Gegenargumente finden.

Die Reichweite und Gewichtigkeit der vom Orakel behandelten Fragen waren sehr verschiedenartig; sie reichten von persönlichen Angelegenheiten bis zu den schwerwiegenden Problemen von Krieg und Frieden. Pindar führt folgende Geschichte an, die vielleicht nur eine Anekdote ist. Da habe ein Bürger der Insel Thera, ein gewisser Battos, der an einem Zungenfehler (Stottern) litt, den Rat der Gottheit eingeholt, was er tun solle, um dieses mißliche Leiden loszuwerden. Die Pythia antwortete, er solle nach Afrika fahren und dort eine Kolonie gründen. Der gehorsame Battos ging nach Afrika und kam in der Wüste einem Löwen in die Quere, wodurch sein Leiden für alle Zeit geheilt war. Ob die Geschichte wahr ist oder nicht, es steht fest, daß Delphi die Expansion der Griechen unterstützte und nicht zögerte, zu diesem Zwecke auch Stotterer zu gebrauchen.

Sehr bekannt dank Herodot ist die Rolle des Orakels in den dramatischen Tagen, die der Auseinandersetzung mit den Persern im dritten Perserkrieg vorausgingen. Panik hatte alle griechischen Städte ergriffen. Die Antwort der Pythia auf die Frage, was zu tun sei, war keineswegs ermutigend:

Elende, sitzt ihr noch hier? An das Ende der Erde
Flieh aus der Heimat, ja fliehe der Stadt hochragenden Felsen!
Denn nicht das Haupt, nicht der Leib entrinnt dem grausen Verderben;
Nicht die Füße am Boden, die Hände nicht, nichts aus der Mitte
Bleibt verschont; denn alles erliegt dem verzehrenden Feuer
Oder des Kriegsgotts Wut, der auf syrischem Wagen daherfährt.
Nicht nur deine, Athen, viele andere Burgen zerstört er;
Viele Tempel der Götter verzehrt er mit flackernden Flammen

Jetzt schon stehen sie da, vom Schweiße der Angst übergossen,
Zitternd und bebend vor Furcht, und hoch von den Zinnen der Tempel
Rinnt ein schwarzes Blut und kündet das kommende Unglück.
Fort aus dem Heiligtum hier! Erhebt eure Herzen im Unglück!

Außer dem letzten Satz, in dem ein Ton von unreligiöser Tragik (wie wir heute sagen würden) mitschwingt, konnte die Vision der totalen Vernichtung selbst die Tapfersten lähmen. Auf Themistokles' Rat bat man das Orakel um eine zweite Prophezeiung. Die Antwort lautete rätselhaft: Hölzerne Mauern würden Athen retten. Man baute also eine Flotte, und tatsächlich rettete ihr Sieg bei Salamis Griechenland.

Delphi war bestimmt ein Punkt, wo sich die verschiedenen politischen Kräfte rieben, aber es wäre übertrieben zu sagen, Delphi sei aus Tradition konformistisch gewesen und habe in kritischen Momenten zugunsten der Perser, der Spartaner oder schließlich der Makedonen gesprochen, immer im Bunde mit denen, die stärker waren oder es zu sein schienen. Das Orakel wurde zweifellos mißbraucht, aber es ist heute schwer zu entscheiden, was war in Wahrheit sein Wirken und was die Phantasie der Interpreten oder der Personen, die sich post factum bemühten, eine Rechtfertigung unter Berufung auf die Stimme des Gottes zu finden, wie z. B. Argos und die kretischen Städte, die an der Verteidigung Griechenlands nicht teilnahmen unter dem Vorwand des vom Kampf gegen die Perser abratenden Orakels, während doch die schlichte Kenntnis der menschlichen Natur annehmen läßt, daß das Motiv dieses Beiseitestehens eher die profane Angst als der blinde Glaube der Biedermänner war.

Die religiöse und moralische Rolle des geistigen Zentrums von Hellas hat den Interpreten viele Schwierigkeiten bereitet. Im allgemeinen kann man sagen, daß die Hauptstadt der griechischen Religion auf diesem Gebiet viel gesunden Menschenverstand bewiesen hat, indem sie unter anderem fremde Kulte unterstützte und den Grundsatz vernünftiger Toleranz anwandte. Allerdings nicht ohne Inkonsequenzen. Nach der Eroberung Trojas erschlug Ajax der Lokrer eine Priesterin, und zur Sühne für diese Tat mußten tausend Jahre lang zwei lokrische Mädchen zu den Trojanern entsandt werden, wo sie, umgeben von allgemeinem Haß, eingeschlossen im Athena-Tempel, ein bedauernswertes Leben führten, diesen Platz nie verließen und bis zum Ende ihrer Tage mit niemandem sprachen. Im 4. Jahrhundert beschlossen die Lokrer, dieses barbarische Verfahren einzustellen. Delphi jedoch empfahl die Fortsetzung dieses Opfers (eine Art kollektiver Verantwortung, ausgedehnt auf Generationen).

Es ist mehr als wahrscheinlich, daß die Humanisierung der griechischen Religion in stärkerem Grade von der tragischen Dichtung als von den Priestern ausgegangen ist. Gerade Aischylos und Sophokles haben mit Kraft, Würde und Mut das Problem der Blutrache dargestellt, das unheilverkündend auf dem griechischen Leben lastete. Ihr Gefühl für das Wesen der Religion – als Quelle der Vergebung – war weit größer als das der offiziellen Vertreter des Kultes.

Das Gelände in Delphi gleicht großen, in den Fels gehauenen Stufen. Der heilige Weg windet sich in scharfen Kehren durch das unerhörte Gedränge von Denkmälern, Säulenhallen, Schatzhäusern und Tempeln. Über diesem Wirrwarr von Bauten dominiert der dorische Apollo-Tempel. Noch höher, auf der höchsten Erhebung – das Stadion und das Theater.

Ähnlich wie die gotischen Kathedralen war Delphi ein Gemeinschaftswerk. Als im 6. Jahrhundert das Apollo-Heiligtum einem Brande zum Opfer fiel, ordnete man eine internationale Subskription an. Die delphischen Priester wanderten von Stadt zu Stadt und sammelten Spenden. Sie übergingen auch Ägypten nicht; der Pharao Amasis gab für diesen Zweck tausend Talente. Und als später ein Erdbeben den Tempel restlos vernichtete, flossen Spenden für den Neubau aus ganz Griechenland, auch von den Ärmsten, die ihren sprichwörtlichen Obolus gaben.

Infolge der Entfernung und der halsbrecherischen geographischen Lage waren die Bau- und besonders die Transportkosten ungewöhnlich hoch, und nur mit der inneren Bindung an den heiligen Ort läßt es sich erklären, daß die Griechen keine bequemere Stelle suchten. Der Preis eines Steinblocks im Steinbruch betrug sechzig Drachmen, am Ort des Baues aber das Achtfache. Ein Architekt verdiente damals zwei Drachmen täglich.

Unterhalb des Apollo-Tempels befinden sich die Denkmäler und die Schatzhäuser. Die letzeren waren kleine sakrale Gebäude und gleichzeitig Magazine für die wertvollsten Opfergaben, die sicherheitshalber nicht im Freien belassen wurden. Im Miniaturmaßstab kann man hier die Entwicklung der griechischen Architektur verfolgen: vom ältesten korinthischen Schatzhaus (wahrscheinlich Ende des 7. Jahrhunderts), einem schlichten, langgestreckten, rechteckigen Saal ohne Unterteilungen und architektonische Verzierungen, bis zum Schatzhaus von Kyrene, einer steinernen Darstellung der mathematischen Hauptprobleme des 4. Jahrhunderts. Die hellenische Geometrie huldigt dem Gott des Maßes und der Harmonie.

Die Denkmäler dagegen sind ein Zeugnis der blutigen Rivalitäten griechischer Städte. Man baute sie nicht zu Ehren der Götter, sondern um den eigenen Kriegsruhm zu verewigen und die Gegner an ihre Niederlagen zu erinnern. Die Bewohner von Argos weihten ihr Denkmal dem Andenken ihres Sieges über Sparta bei Oinoa. Als dic Spartaner bei Aigos Potamos die Athener geschlagen hatten, errichteten sie ein Denkmal, und zwar in der Nähe des athenischen, mit Statuen spartanischer Generäle und Admiräle. Wenn wir hinzufügen, daß das Material für diese kleinen Hochmutstem-

pel in den eroberten Städten erbeutet worden war, wird uns erst das volle Maß der Demütigung bewußt.
Diese lehrreichen Beispiele für die Zwietracht der Städte dürfen die Tatsache nicht verschleiern, daß Griechenland trotz allem, und zwar hauptsächlich dank Delphi, eine geistige Einheit bildete. Man kam aus den entferntesten Kolonien zu den heiligen Hängen, um die Gnade der Versöhnung unter der lichten Herrschaft dessen zu erlangen, der, wie Pindar sagt, uns die Lyra und die Begeisterung schenkt, der die Liebe zum Frieden und den Haß gegen den Bürgerkrieg in unser Herz gießt.
Die Felsen rund um Delphi sind nur spärlich mit Grün bedeckt, fast kahl, blutig-braunrot und bläulich; sie drohen ständig abzubrechen. Auf dieser dramatischen Filmleinwand kann man abends den langsam gleitenden Schatten des Adlers beobachten.
Delphi ist die steinerne Krone der griechischen Landschaft.

Sparta gewährt keinerlei ästhetisches Erlebnis. Das Städtchen, einst Sitz einer griechischen Großmacht, ist klein, provinziell, schlecht gebaut. Die lebendige Mauer spartanischer Männer, von der man einst prahlend sprach, ist längst unter die Erde gesunken. Die Reste trauriger Ruinen, die im übrigen aus späteren Zeiten stammen, sind ohne Spur von Größe und Schönheit. Das Museum ist arm – es besitzt nur eine bemerkenswerte Skulptur, eine Büste des Leonidas, die aus dem rohen Stein hervortritt wie eine unvollendete Statue von Michelangelo. Thukydides' Voraussage hat sich erfüllt – von Sparta ist nichts geblieben.
Es gewährt keine Erlebnisse, weckt aber Reflexionen. Man hat die Zeit nicht anhalten können, obwohl die Konstruktion des Staates und der spartanischen Sitten ein Versuch war, sie anzuhalten. Bis zum Ende (d. h. bis zu der Niederlage, die Theben den Spartanern im Jahre 371 beibrachte) trennte ein sozialer Abgrund die Spartiaten von den Heloten, den

Rechtlosen. Diese waren die Opfer abscheulicher, von den spartanischen Jünglingen vollführten Massaker, die man für Kampfübungen hielt. Die Macht in diesem höchst oligarchischen griechischen Staat blieb bei einer Handvoll Bürger. Wirtschaftliche Tätigkeit war untersagt. Der Krieg war die einzige würdige Beschäftigung der Spartiaten. Inbegriff der Kunst war Tyrtatios, der Autor von Hymnen und Oden, den zwei literarischen Gattungen, die nach Jahrhunderten bei Saint-Just Anerkennung finden sollten.
Sparta hatte jedoch seine Verehrer. Das waren natürlich die Intellektuellen Plato und Xenophon, welche – typisch für sie – die von einer Idee regierten Staaten solchen vorzogen, in denen die unberechenbaren und verdächtigen Gesetze des Lebens herrschen.

Olympia hat mir keinen tieferen Eindruck gemacht. Das Gelände ist, was in Griechenland selten vorkommt, flach und stark von Bäumen bewachsen. Das berühmte Stadion ist eigentlich eine geräumige Wiese. Die einzige Erhebung in der Gegend, der Kronos-Hügel, ist regelmäßig wie eine Kuppel und mit einer schönen Baumgruppe bestanden. Das Licht ist hier sanft-grün, durch die Blätter gefiltert und vom Gras reflektiert. Eine völlige Antithese zur delphischen Landschaft.
Schon zu Beginn des 18. Jahrhunderts war Olympia das Objekt archäologischer Sondierungen. Systematische Grabungen unternahmen die Deutschen. Die Arbeiten dauern heute noch an. Vielleicht erschwert gerade diese kühle wissenschaftliche Planmäßigkeit in Olympia die ästhetische Kontemplation. Erst im Museum spürt man, was es wirklich war, wenn man die sehr schöne Sammlung griechischer Metopen und die beiden herrlichen Giebel des Zeus-Tempels betrachtet.
Für die Archäologen ist es seit langem ein schwieriges Problem, daß sich die Grundsätze der Konservierung und die Grundsätze der Rekonstruktion nicht immer vereinen lassen. Außerdem müssen die Ausgrabungen aus kommerziellen

Gründen möglichst schnell allgemein zugänglich gemacht werden, was oft die wissenschaftlichen Arbeiten hemmt. Es ist wohl keine übertriebene Schöngeisterei, wenn man sagt, daß Ruinen die Kraft der Evokation besitzen sollten. Es geht selbstverständlich nicht darum, fehlende Säulen zu ergänzen, Metopen anzukleben und Gewölbe wieder zu errichten. Die Reste des Poseidon-Tempels auf Kap Sunion besitzen (dank der vorzüglichen Lage – wie ein Leuchtturm auf der zum Meer abfallenden Böschung) die idealen Züge einer unvollständigen, aber die Phantasie bewegenden Rekonstruktion. Olympia besichtigt man mit dem Reiseführer in der Hand, als erledigte man eine Hausaufgabe: hier war das Heraion, hier der Altar des Zeus, sein Tempel (mächtige Säulentrommeln liegen da wie Baumstämme), dort die Werkstatt des Phidias. Die wahre Gnade der Schönheit wird einem erst im Museum zuteil.

Die Spiele, in Griechenland für die ältesten angesehen, fanden alle vier Jahre Anfang Juli oder Anfang August statt und bildeten seit dem 8. Jahrhundert die Grundlage der griechischen Chronologie. Sie dauerten fünf Tage, ihre Organisation und ihr Programm sind uns seit langem gut bekannt. Die modernen Forscher versuchen, ihre Quellen zu finden und den Sinn dieser Festlichkeiten zu erkennen.

Die olympischen Sportwettkämpfe sind gewiß das Echo der erbarmungslosen Kämpfe zwischen Vater und Sohn (Kronos und Zeus, Zeus und Herakles – den Patronen der Spiele) oder zwischen Schwiegervater und Schwiegersohn (Oinomaos und Pelops) – das ewige Thema zahlloser Sagen der ganzen Welt. Der Bewerber um das Königtum mußte seine Vorzüge und seine physische Überlegenheit beweisen – und die beste und unwiderrufliche Methode war die Tötung des Gegners. An der Wurzel der uneigennützigen Sportwettkämpfe standen Mord und Machtergreifung.

Wie man aus der Ilias weiß, hat Achilleus nach Patroklos' Tode Wettkämpfe veranstaltet. Das war nicht nur ein Mittel, den gefallenen Helden zu ehren. Die Bedeutung dieser Feier war magisch. Es ging um eine Transfusion von Lebensenergie der Wettkämpfer auf den Toten.

Der einzige materielle Lohn des olympischen Siegers war ein Kranz aus Ölbaumzweigen – nicht von irgendeinem Ölbaum am Wege, sondern von dem Baum Kallistephanos, den Herakles aus dem Lande der Hyperboreer mitgebracht hatte. Das verweist auf den Zusammenhang der Spiele mit Vegetationskulten. Besonders der Lauf, das rhythmische Aufschlagen der nackten Fußsohlen auf die Erde sollte deren eingeschlafene Zeugungskräfte wecken. Das war eine Zeremonie zu Ehren des Herakles, doch nicht des aus den Sagen bekannten dorischen, sondern einer bedeutend älteren Verkörperung, des chthonischen Naturdämons Herakles.

Die älteste Wurzel der Spiele war das Ringen auf Leben und Tod; man bilde sich nicht ein, die Weiterentwicklung sei in der klassischen Epoche allzu weit gegangen. Die Wettkämpfe waren nicht nur eine Demonstration von Kraft und Schönheit, sie trugen in sich vielmehr Elemente des Spiels um den höchsten Einsatz. Besonders gefährlich waren die Quadriga-Wettrennen; bei den pythischen Spielen des Jahres 462 kam nur eine einzige heil ans Ziel. Die blendende Sonne, die scharfen Kurven und die Länge der Strecke waren Ursache vieler tödlicher Unfälle, die anscheinend wie bei der Corrida einen Bestandteil des Schauspiels bildeten.

Olympia war neben Delphi Symbol des Hellenentums. Für die Dauer der Wettkämpfe verkündeten Theores genannte Botschafter den Frieden, und die zerstrittenen Städte mit ihren verschiedenen Verfassungen, Dialekten und Sitten atmeten tief die Luft des gemeinsamen, wiedergefundenen Vaterlandes.

Die Spiele waren ein Agon, d. h. ein Wettbewerb oder besser: ein Kampf, und dieser gehört zu den wesentlichen Elementen der griechischen Zivilisation. Aus dem Kampf sollte nicht irgendein guter oder irgendein tüchtiger, sondern der

beste Held siegreich hervorgehen. Olympia war also eine Schule der Energie und eine Demonstration persönlicher Vorbilder.
Aber auch eine Bildhauerschule. Die Wettkämpfer liehen ihre Körper den Göttern und Heroen. Die beiden hervorragendsten griechischen Künstler, Myron und Polyklet (der Schöpfer des Kanons), arbeiteten für Olympia. Mannschaftswettkämpfe waren den Griechen unbekannt. Der Sieg war individuell – von 776 bis 700 waren Peloponnesier die Sieger, dann tauchen die Namen von Wettkämpfern aus Athen, Smyrna, Theben, Kroton, Syrakus und Samos auf –, doch der Ruhm des Siegers strahlte auf seine Familie und die Heimatstadt aus. Der mit dem Ölbaumzweig Ausgezeichnete hatte alle Chancen, nach dem Tode ein Bewohner der vom ozeanischen Wind gekühlten Inseln der Seligen zu werden, wo die Erlösten unter blütenbekränzten Bäumen wandeln – in der Hut des Rhadamanthys und seiner Gemahlin Rhea, der Herrscherin auf dem höchsten Thron.

Zu einem vollständigen Bild Griechenlands gehört unbedingt auch das der Inseln. Vom Flugzeug aus, das von Herakleion nach Athen fliegt, sieht man sie aus dem Meer auftauchen. Sie haben zerfetzte Ränder und die fahle Farbe wilder Tiere, als hätte jemand eine Löwenhaut auf die Wellen geworfen. Vom Schiffsdeck aus gesehen, zeigen sie dann ein menschliches Gesicht: gekalkte Häuser mit flachen Dächern, gewundene Gassen, Rauchfahnen, geschäftige schwarze Gestalten rund um ein soeben aus dem Meer gezogenes Netz.
Ich wählte Delos. Das Schiff braucht zwölf Stunden vom Piräus bis zur Insel Mykonos. Es ankert auf hohem Meer. Ein Motorboot bringt die Passagiere in den kleinen Fischerhafen. Obwohl ich nachts ankam, strahlten die wie Honigwaben zusammengeklebten Häuser ihr Weiß aus.
Mykonos ist in Mode, doch haben es die Verkehrsschwierigkeiten glücklicherweise nicht in den Zustand Capris ver-

setzt. Morgens geht man am besten zum Hafen und läßt den Blick von Haus zu Haus schweifen und dichtet aus Vergleichen mit Kreide, Schaum, Marmor und Alpenschnee ein Barocksonett. Eine wahre Orgie in Weiß – wenn das Wort Orgie für diese leiseste der Farben angemessen ist.

Seit Jahrhunderten hat Mykonos von den Gaben des Meeres gelebt. Diesen Satz kann man in den Prospekten für die Touristen lesen, in denen häufig wirkliche Perlen angewandter Poesie zu finden sind. Genau gesagt sind Fischfang und Piraterie die Berufe der Bewohner. Das Städtchen ist dadurch berühmt, daß auf je zwei Häuser eine Votivkapelle entfällt, gestiftet von den Vertretern eines der beiden Berufe, was dafür zeugt, daß das Meer hier tatsächlich gefährlich und die Gier nach den Gütern des Nächsten unüberwindlich ist.

Vom Hafen aus fährt man mit einem klapprigen Motorboot nach Delos. Ich bekam den Zorn Poseidons zu spüren, ehrlich gesagt war es kein richtiger Zorn, sondern ganz einfach Murren und schlechte Laune. Das genügte aber, um mich zu überzeugen, daß das Ägäische Meer kein Ententeich ist.

Der Bootsbesitzer warnte übrigens in loyaler Weise die Touristen, indem er neben den Abfallkorb eine sehr alte Tafel mit unleserlicher Schrift stellte, aus der ein an das Entziffern verworrener Handschriften gewöhnter Mensch hätte schließen können, daß die Fahrt heute auf eigene Gefahr der Reisenden stattfinde.

Die Reisenden: Eine Gruppe englischer Studenten bewahrte schönen Gleichmut den Widrigkeiten des Schicksals gegenüber, sie entfalteten die großen Flächen ihrer Zeitungen, die in diesem Falle jedoch nicht der Lektüre dienten, sondern jene Togen ersetzten, die sich die Stoiker über das Gesicht zogen, um ihre Leiden zu verbergen; die Deutschen lärmten zunächst munter, wurden aber schnell träge und melancholisch; eine blonde, schwarzgekleidete Schwedin hielt die ganze Zeit die Augen geschlossen; über ihr Gesicht rannen große Tränen. Das einzige Mitglied der Besatzung außer dem Steuermann, ein Matrose, sofern dieses Wort für einen bejahrten Alten angemessen ist, bemühte sich, mit einem kleinen Behälter etwas von dem Wasser auszuschöpfen, das die über Bord schlagenden Wellen hineinspülten. Mir schien das ganze Erlebnis durchaus notwendig zum Verständnis einiger Fragmente der Odyssee.

Endlich Delos. Unfruchtbare Erde, Erde ohne bestellte Felder, von den Wellen emporgehobene Felsen, mehr für Möwen als für Menschen bestimmt, allen Winden offen, vom Meeresrhythmus erfüllt. Die Insel umfaßt kaum vier Quadratkilometer. Von der höchsten Erhebung, dem Berg Kythnos, sieht man den Kranz der Kykladen: Tenos, Andros, Syros, Kythnos, Seriphos, Antiparos, Paros, Ios, Naxos, Amorgos, Mykonos, Ikaria, Patmos. Das ist etwas übertrieben, man sieht nicht alle Inseln, doch die Namen sind so schön, daß man der Verführung erliegt, sie aufzuzählen. Delos liegt in der Mitte der Kykladen, und das erklärt die besondere Bedeutung dieses Inselheiligtums, das schon in mykenischen Zeiten ein berühmter Sitz der Erdgottheiten war, der Beschützerinnen der Fruchtbarkeit und der Gebärenden. Herodot erzählt von den Pilgerzügen, die aus dem fernen Skythien hier eintrafen.

In die griechische Mythologie ist Delos als der Geburtsort Apollos und der Artemis eingegangen. In einem schönen homerischen Hymnos wendet sich ihre Mutter Leto nicht an Poseidon, welcher der von Heras Zorn Verfolgten dieses steinerne Lager gab, sondern direkt an die Insel. Sie spricht wie eine vertriebene Fürstin zu armen Bäuerinnen und verspricht ihnen für später eine Belohnung – Hekatomben auf den Altären, Wagen voll fetten Fleisches.

Delos, willst du Sitz des Sohnes, den ich gebäre,
Phöb Apollens werden [...] so bringen
Hekatomben die Menschen dir alle versammelt.

Neun Tage und neun Nächte kniete Leto und hielt den Stamm der heiligen Palme umfangen (eine naive Gebärtechnik), bis sie Artemis und Apollo zur Welt gebracht hatte. Aus der gewöhnlichen Ortygia (Insel der Steinchen) wurde das leuchtende Delos. Ähnlich wie im Falle von Delphi bezeichnet der Namenwechsel das Aufkommen eines neuen Kults. Obgleich im Laufe der Jahrhunderte immer wieder neue Götter eingesetzt wurden, geschah das nicht auf Kosten ihrer Vorgänger; als verpflichtend galt nämlich der schöne Grundsatz, man dürfe die alten Eltern aus ihren Behausungen nicht vertreiben. Das ist zweifellos ein Verdienst der Jonier, die sich, ohne etwas von ihrer Individualität zu verlieren, fremde Elemente zu eigen machen konnten. Übrigens darf man nicht vergessen, daß die ganze apollinische Trias (Leto, Artemis und Apoll mit seinem asiatischen Bogen, der bei Troja als Gegner der Griechen auftritt) dem Osten entstammte.

Aus der Epoche archaischen Glanzes des – neben Olympia und Delphi – dritten berühmten Heiligtums in Griechenland sind manche Andenken bewahrt geblieben: ein riesiger Apollo-Torso, eine Gruppe schöner Koren und schließlich die bekannte Löwenterrasse. Die sich auf die Vorderpranken stützenden Tiere bellen gen Norden. Ihre langgezogenen Körper erinnern an Hunde – das einzige Modell, das dem Künstler jener Zeit zur Hand war.

Athen, im 6. Jahrhundert zu einer der ersten Mächte Griechenlands geworden, neidete Delos seine politische und moralische Bedeutung. Man brachte alte Mythen in Umlauf, um uralte attisch-delische Verbindungen nachzuweisen. Der athenische Tyrann Peisistratos reinigte die Insel durch Beseitigung aller Gräber. Seither war es nicht gestattet, auf Delos zu gebären und zu sterben. Mütter im Kindbett und Sterbende wurden auf die Nachbarinsel Rheneia gebracht. Im 5. Jahrhundert waren Delos und Athen die Hauptstädte der antipersischen Föderation, doch die Verlegung des delischen

Schatzes nach Athen bezeichnete den unvermeidlichen Niedergang der Wiege Apollos.

Eine Renaissance der Insel erfolgte in der hellenistischen und römischen Epoche. Ohne den Charakter eines Heiligtums zu verlieren, wurde Delos zur Handelsmetropole des Ägäischen Meeres. Besonders nach der Zerstörung Korinths und Karthagos durch die Römer im Jahre 146 erlebte die zentral zwischen Asien, Europa und Afrika gelegene Insel eine Zeit der *prosperity*.

Neue Menschen – neue Götter. Delos war stets etwas wie eine gastliche Herberge. Auf dem sanft ansteigenden Hang des Berges Kynthos – eine Terrasse fremdländischer Götter. Drei Serapis-Tempel, ein Isis-Tempel neben den bisherigen Gottheiten der apollinischen Trias, neben Zeus und Hera. Und eine neue Sage, die Kallimachos entfaltet: der kleine delische Bach Inopos soll aus den Wassern des Nils gespeist werden. Die heiligen Wasser des ägyptischen Flusses pilgern zu Apollo – ein sprechendes Beispiel für die Verbrüderung der Religionen am Abend der antiken Welt.

Häufig vergleicht man Delos mit Pompeji. Die Ähnlichkeit liegt mehr in der Atmosphäre als im Aussehen und in den Einzelheiten. Der Besuch des delischen Theaterbezirks ist kein Spaziergang über einen Friedhof. Die mit Steinen ausgelegten Straßen haben die Spuren von Wagen und Schritten bewahrt. Auf den Fußböden der Häuser der Kleopatra, des Dionysos oder der Delphine leuchten plötzlich Mosaiken auf. Diese gestorbene Stadt ist lebendig. An den Wänden der Tempel, Magazine und Paläste sind die Spuren des Alltäglichen ablesbar wie der Abdruck einer Hand.

Ich bin mir dessen bewußt: was ich mitgeteilt habe, entspricht nicht dem Titel. Vom Thema der Landschaft bin ich zu häufig in die Sphäre der Sagen und der Geschichte abgeglitten. Ich kann mir nicht einmal selber den Zusammenhang erklären, der zwischen der Landschaft Griechenlands und seiner

Kunst und Glaubenswelt besteht. Nur eine starke Intuition sagt mir, daß der griechische Tempel, die Skulpturen und der Mythos aus Erde, Meer und Bergen erwachsen.

Zum Beschreiben verführt und am Beschreiben gescheitert. Es ist mir nicht gelungen, Form und Farbe des Ölbaums darzustellen. Und doch kenne ich mindestens einen genau, er steht dicht neben dem Drahtzaun, der den Palast des Minos in Knossos abgrenzt. Ich habe mit dem Blick alle seine Blätter gezählt und trage in mir genau seine Kontur. Aber man müßte ein Dürer sein, um aus diesem Erlebnis einen neuen Gegenstand zu machen.

Einen Bergabhang beschreiben: unten das silberne, zerfetzte Grün der Sträucher. Drei weiße Häuser. Ein Weingarten, der an längliche, niedrige Altanen erinnert. Oben gesprenkeltes Grün mit einem Zusatz von Himmelsblau, aber zwischen den Spalieren saphirene Kühle. Ein kleines Rechteck sehr klangvollen Brauns, wie es im Herbst die Weißbuchenblätter haben. Noch höher endlich abblätterndes Gestein und spärliches Gras.

Ich wollte beschreiben –.

Versuch einer Auflösung der Mythologie

Die Götter versammelten sich in der Baracke im Vorort. Zeus sprach wie gewöhnlich langweilig und lange. Der Beschluß: Die Organisation muß aufgelöst werden, genug der sinnlosen Konspiration, man muß der rationalistischen Gesellschaft beitreten und irgendwie überleben. Athene schluchzte im Winkel.

Gerecht – das sollte man unterstreichen – wurden die letzten Einnahmen verteilt. Poseidon war optimistisch gestimmt. Er brüllte lauthals, er käme zurecht. Am schlimmsten fühlten sich die Beschützer der regulierten Flüsse und der gerodeten Wälder. Heimlich vertrauten alle den Träumen, doch niemand wollte darüber reden.

Einwände gab es keine. Athene schluchzte im Winkel. Hermes enthielt sich der Stimme.

Sie kehrten zurück in die Stadt am späten Abend mit falschen Papieren in der Tasche und einer handvoll Kleingeld. Als sie die Brücke betraten, sprang Hermes in den Fluß. Sie sahen, wie er ertrank, aber niemand machte Anstalten, ihn zu retten.

Die Meinungen waren geteilt, ob es ein böses oder im Gegenteil gutes Omen war. Jedenfalls war es ein Ausgangspunkt zu etwas Unklarem, Neuem.

Rekonstruktion des Dichters
Hörspiel
Fragment 1

Zerbrochenes Glas klirrt

HOMER *schreit*

Genug! Ich kann diese Parodie nicht mehr hören. Zuerst Vergil, dann die Übersetzer, Philologen, Archäologen ... Jetzt bin ich nur noch ein Lehrbuch der Mythologie und ein Modell für stilistische Analysen.

Ich bin fünfundvierzig Jahre alt. Wohne in Milet. Habe ein Weib, einen Sohn, ein Haus mit Garten.

Milet mag ich. Eine emsige Stadt. Gerade soviel Betrieb, wieviel man braucht, um zu leben. Das Klima ist gesund. Das Publikum willig und nicht arm.

Am Anfang arbeitete ich auf einem Schiff. Bis ich einen Unfall hatte, aufs Deck fiel und das Augenlicht verlor; die Ärzte meinten, es wäre ein Schock, es ginge vorüber. Ganz ging es leider nicht vorüber. Zur Seefahrt taugte ich nun kaum; so wurde ich Aufseher im Hafen. Meine Stimme war immer gut. Mächtig wie der Sturm. Kollegen redeten auf mich ein, ich solle ein Konzert geben. Ich tat es – und es ging gut. Ich wechselte den Beruf. Die Arbeit ist leichter und interessanter. Eigentlich wäre ich glücklich, wären nicht diese Augen. Die Ärzte lassen mich im Dunkel sitzen und die Sonne meiden. Meine Frau sperrt mich ein. Ich muß mich heimlich hinausstehlen. Ich kann doch jetzt mitten im größten Erfolg nicht aufhören. In ein paar Jahren könnte ich mich pensionieren lassen. Ich könnte mir ein großes Hotel kaufen in der Stadtmitte. Mit Jubel und Trubel – vom Keller, wo die Tonnen gerollt werden, bis zum Geflüster der Liebespaare in den billigsten Mansarden. Dann würde ich meine Augen schonen. Durch halb geschlossene Lider die Welt betrachten, die auf mich einwirkt.

An der Theorie des Epos möchte ich auch noch ein wenig ar-

beiten. Auf diesem Gebiet meine ich, habe ich einiges getan. Für meine Vorgänger war das Epos eine Ebene. Sie haben mit monotoner Stimme ihre Schlachten, Heerzüge, zerstörte Städte und Feuer dahergetrommelt. Alles war von weit her sichtbar und deshalb sehr flach. Ich drang zum Kern vor. Ich habe aus dem Epos einen Berg gemacht, eine schwere Materie, die sich von der Erde zum Himmel schleppt und nach den Göttern greift. Meine Vorgänger beherrschten das Gefühl, indem sie die Stimme beherrschten. Ein lächerliches Unterfangen und ein Trug wider die Natur. Ich habe das menschliche Bedürfnis nach Schrei entdeckt. Solange im Menschen die Angst wohnt, muß er schreien.
Es ist Mittag. Die Stadt ist vor Hitze weiß. Ein stiller Staub deckt alles zu, aber darunter lauert der Schrei.

FRAUENSTIMME

Wohin, Homer?

HOMER

Mir die Beine vertreten.

FRAUENSTIMME

Du weißt doch ...

HOMER

Ich weiß, ich weiß.

FRAUENSTIMME

Gestern hattest du wieder Schmerzen.

HOMER

Aber heute ist es besser.

FAUENSTIMME

Geh nicht auf den Markt. Versprich es.

HOMER

Ich verspreche.

FRAUENSTIMME

Und meide die Sonne. Elpenor, gib acht auf deinen Vater.

ELPENOR

Wieder gehorchen wir nicht.

HOMER

Nichts zu machen, Kleiner. Ich muß aus dem Haus.

ELPENOR

Warum?

HOMER

Wenn es auf Mittag zugeht, ist die Stillle nicht zu ertragen. Man hört, wie auf dem Dachboden die Wespen wimmeln. Man bekommt Gänsehaut.

ELPENOR

Du hast doch Ruhe. Du könntest Gedichte machen.

HOMER

Dann denke ich nicht an Gedichte.

ELPENOR

Sondern?

HOMER

An den Markt. Wie an die See; um darin einzutauchen bis an den Hals.

ELPENOR

So sehr magst du den Markt?

HOMER

Es gibt nichts Schöneres, mein Sohn. Die Fladen mit Zwiebeln duften besser als Marmor. Und ein Kohlkopf ist mir lieber als ein ionisches Kapitell.

ELPENOR

Was ist daran so schön?

HOMER

Alles, Dummerchen. Die Farbe, der Geruch, der Lärm. Alle Stimmen des Lebens: das Murmeln der Bettler, das Gepiepse der Mädchen, die man im Gedränge an sich drückt, die Trommel des Wächters, das Geschrei der Gemüsehändler und das Brüllen der an den Hörnern festgebundenen Tiere Dann kommt der Dichter, und der Kampf beginnt.

ELPENOR

Der Kampf?

HOMER

Ja. Ich muß sie überschreien, ihnen die Stimme nehmen, sie herunterschleudern und sie dann wieder aus mir herausholen.

ELPENOR

Das ist eine große Qual.

HOMER

Und Freude. Davon bin ich prall wie die Welt.

ELPENOR

Gerade das mag ich am wenigsten, wenn gegen Ende ... deine Stimme laut wird und du zu schreien beginnst.

HOMER

Weshalb?

ELPENOR

Es ist, als hättest du Angst und riefest um Hilfe. Hast du dann Angst?

HOMER

Nein. Dann kämpfe ich.

ELPENOR

Womit?

HOMER

Mit der Angst.

Stimmen vom Markt

Fragment 2

HOMER
Ich habe schlachten erzählt
basteien und schiffe
gemetzelte helden
und metzelnde helden
und vergaß das eine

ich habe den seesturm erzählt
das bersten der mauern
das brennende korn
die gestürzten hügel
und vergaß die tamariske

wer vom speer durchbohrt
fällt
und den mund seiner wunde
schließt
sieht
weder die see
noch die stadt
noch den freund
er sieht
dicht am gesicht
die tamariske

er betritt
den höchsten
trockenen zweig der tamariske
und versucht
vorbei
an den braunen und grünen blättern
in den himmel zu fliegen
ohne flügel

ohne blut
ohne gedanken
ohne –

Fragment 3

HOMER
Das ist erst der Anfang. Jeder Anfang ist etwas lächerlich. Ich sitze auf der untersten Stufe von Zeus', des Wundertäters Tempel, und besinge den kleinen Finger, die Tamariske, den Kiesel.
Ich habe keine Schüler, keine Zuhörer. Alle starren noch in den großen Brand der Epopöe. Aber der Brand verglimmt schon. Bald sind nur noch die verrußten Ruinen übrig, die dem Gras zum Opfer fallen werden. Ich bin das Gras.
Manchmal denke ich, es könnte mir gelingen, aus den neuen Gedichten neue Menschen zu formen, die nicht mehr Eisen um Eisen, Schrei um Schrei, Entsetzen um Entsetzen, sondern Korn um Korn, Blatt um Blatt, Empfindung um Empfindung mehren würden.
Und das Wort um das Schweigen.

Apollo und Marsyas

Das eigentliche duell Apollos
mit Marsyas
(absolutes gehör
contra riesige skala)
findet gegen abend statt
nachdem – wie wir wissen
die richter
den gott zum sieger erkoren haben

fest an den baum gefesselt
exakt enthäutet
schreit
Marsyas
bevor der schrei
seine ohren erreicht
ruht er sich aus im schatten des schreis

schaudernd vor abscheu
putzt Apoll sein instrument

nur scheinbar
ist Marsyas' stimme
monoton
und besteht aus einem selbstlaut
A

eigentlich
erzählt
Marsyas
den unerschöpflichen reichtum
seines leibes

die kahlen berge der leber
die weißen schluchten der speisen
die rauschenden wälder der lunge
die sanften hügel der muskeln
die teiche die galle das blut und das frösteln
den winterlichen wind der knochen
über dem salz des gedächtnisses

schaudernd vor abscheu
putzt Apoll sein instrument

jetzt fällt in den chor
Maryas' wirbelsäule ein
im grunde dasselbe Λ
nur tiefer mit etwas rost

der gott mit den nerven aus kunststoff
hält es nicht aus

über die buchsbaumbewachsene
schotterallee
entfernt sich der sieger
sinnend
ob aus dem heulen des Marsyas
nicht mit der zeit
ein neuer zweig
der – sagen wir – konkreten
kunst erwachse

da fällt versteinert
eine nachtigall
vor seine füße

er wendet sich um
und sieht

daß der baum an den Marsyas gefesselt war
ergraut ist

gänzlich

Akropolis

Es gibt kein anderes Bauwerk auf der Erde, das meine Phantasie ebenso stark in Anspruch genommen hätte. Aufnahmen, Zeichnungen, Beschreibungen bildeten eine dünne Nahrung ohne Duft, Farbe und Hintergrund. Ich kannte recht gut die Topographie, die Ausmaße und Konturen der Haupttempel, doch das ganze Ensemble lag für mich unveränderlich auf einer Ebene, es hatte die Farbe des Gipses, es atmete nicht im Licht, und der Himmel darüber war aus Papier.
Ich konnte mir keinen einzigen Strauch ausdenken und ihn an den Berg heften, den Berg, der – das fürchtete ich am meisten – sich als elende Anhöhe entpuppen würde; ich konnte mir weder einen Felsabhang noch den Schatten vorstellen, den die Säulen werfen. Alles war aus verdünnter Milch und so fehlerfrei linear, daß das Auge und der im Auge verborgene Teil des Tastsinns an diesem Bild ohne Masse und Oberflächenrauheit abglitten wie an Glas.
Als ich hinfuhr, wuchs in mir die Angst, die Gegenüberstellung könnte vernichten, was die Ahnung in vielen Jahren geduldig errichtet hatte. Würde ich den Mut zum Eingeständnis haben (und sei es nur vor mir selbst), wenn der heilige Hügel und die darauf erhaltenen Tempelreste mir nichts zu sagen hätten, wenn sie eine Ruine unter vielen wären und nicht die einzige oder wenigstens die besondere Ruine unter den vielen in der Welt verstreuten Ruinen? Würde ich teilhaben an der seit Jahrhunderten fortdauernden Verschwörung der Begeisterung, die – wir wissen es gut – nicht so sehr auf ständig sich erneuernder Erschütterung beruht als vielmehr auf der Kraft der Überredung, auf der Wiederholung des Glaubens?
Das Schiff legt im Hafen von Piräus an. Erste Enttäuschung: man sieht Athen nicht. Hafengebäude verdecken die einige

Kilometer landeinwärts liegende Stadt. Und doch hatte man geglaubt, gerade vom Meer aus müsse sich der erste Blick öffnen. Ich vermute, es seien die Kunststücke der Fotografen, die die Akropolis wie ein Schiff auf den Wellenberg emporheben.
Man fährt mit dem Autobus in die Stadt. Ich setzte mich auf die rechte Seite. Häuserreihen, Lagergebäude, schmuddlige Geschäfte und Läden, mit weißem Staub bedeckt. Und plötzlich über einer engen Gasse völlig unerwartet hoch oben – sie!

1

Man kann auf dem Akropolis-Felsen noch den Kratzer des Dreizacks erkennen; es heißt, Poseidon habe das getan, als er mit Athene um die Macht über das Land stritt. *Pausanias*

Während des zweiten Perserkrieges drangen die Perser in die Akropolis ein. Die wenigen Verteidiger, die die Stadt nicht verlassen hatten, wurden erschlagen, die Tempel verbrannt und in Trümmer gelegt. Dieses Mal erfüllten sich die Worte des Orakels von Delphi. Als die Athener 479, nach den Siegen von Salamis und Plataä, in ihre Hauptstadt zurückkehrten, war die Akropolis, wie jemand treffend gesagt hat, ein leerer Sockel.
Die großen Bauten der Perser oder die Pyramiden bleiben, was immer auch über ihre Schönheit gesagt werden mag, für uns anonyme Werke. Die Akropolis, wie sie sich erhalten hat, ist mit dem Namen des Perikles verbunden.
Diese Gestalt hat sich in unserem Bewußtsein ausgeweitet. Seine politische Tätigkeit dauerte nur zweiunddreißig Jahre, und trotzdem nennen wir das ganze fünfte Jahrhundert das Jahrhundert des Perikles.
Viele Zeugnisse und zahlreiche widersprüchliche Urteile über ihn haben sich erhalten. Von den Autoren des Altertums sind Thukydides und Plutarch entschieden für Perikles, Ari-

stoteles und Plato gegen ihn. Plato zögert nicht, ihn im *Gorgias* einen schlechten Politiker zu nennen. Sein Gesamtporträt entzieht sich der Feder von Wissenschaftlern und Romanschriftstellern. Einer der besten Kenner der griechischen Politik jener Zeiten, G. d'Aspermont Lynden, vergleicht ihn mit den großen englischen Whigs. In der Tat, dieser mediterrane Staatsmann erinnert stark an die britischen Gentlemen, die beherrscht und sanft erscheinen, ihre Pläne jedoch mit eiserner Konsequenz durchführen.

Er war einsam, d. h. nur von einem engen Kreis ähnlich gearteter Freunde umgeben, zu denen Phidias gehörte, nicht nur ein genialer Bildhauer, sondern auch eine Art Malraux an Perikles' Seite.

Viele seiner persönlichen Eigenschaften standen im Widerspruch zum klassischen Führerbild und weckten keine unmittelbare Sympathie. An den öffentlichen Vergnügungen nahm er nicht teil; er lachte nie. »Il n'allait jamais diner en ville«, sagt, einem antiken Autor folgend, einer seiner Biographen über ihn, und im Munde eines Franzosen bedeutet das den Verzicht auf einen der schönsten Reize des Lebens. Dieser reiche, hochgebildete Aristokrat wurde aus tiefem Patriotismus Führer der Demokratie entgegen der Familientradition. Dem Volk vertraute er nicht (in seiner Jugend verabscheute er es geradezu); er beobachtete aufmerksam die Stimmungen in seiner Stadt und warf in entscheidenden Momenten seine Autorität in die Waagschale kraft seiner unvergleichlichen Redekunst und Überzeugungsgabe. Perikles wußte, daß er nicht groß werden konnte ohne Athen (ein großer Politiker eines kleinen Staates ist eine Komödienfigur), und wie ein eifersüchtiger Liebhaber wollte er, daß Athen ihm allein Ruhm und Glück verdanke.

Sein Charakter und sein Privatleben standen hoch über dem Durchschnitt; man wußte aber, daß der Führer der Volkspartei »einer unter vielen« sein oder zumindest sich so geben mußte. Perikles beging mindestens zwei Kardinalfehler, die ihn von dem »Mann auf der Straße« trennten. Er umgab sich mit Künstlern und – noch schlimmer – mit Philosophen wie Anaxagoras, der den Göttern die Sterne wegnahm und sie leuchtende Körper nannte, oder Protagoras von Abdera, dem Analytiker der Redekunst, der lehrte, »wie man aus schwächeren Argumenten stärkere macht«. Den durchschnittlichen Athenern wäre ein rauhbeiniger Demagoge als Anführer lieber gewesen denn ein Intellektueller, sie empfanden anscheinend eine instinktive Furcht vor der dialektischen Trinität: Sprache (Redekunst) – Wirklichkeit – Macht.

Die Verbissenheit, mit der das Volk, als die Gelegenheit sich bot, Perikles' Freunde verfolgte, weist darauf hin, daß er nicht populär war. 433 vertrieb man Anaxagoras aus Athen, sechzehn Jahre später traf das gleiche Schicksal Protagoras, und sein Traktat über die Götter wurde öffentlich verbrannt.

Aspasia. Man weiß, diese Frau war Perikles' große, lebenslange Liebe. Er ließ sich ihretwegen von einer reichen Athener Bürgerin scheiden, mit der er zwei Söhne hatte. Für die Athener war die Tatsache der Scheidung etwas Normales, Recht wie Brauch billigten sie. Als Skandal indessen empfand es die öffentliche Meinung, daß Perikles sich hartnäckig bemühte, seine neue Verbindung zu legalisieren. Aspasia stammte aus Milet. Das Athenische Recht erkannte sehr selten Mischehen an. Zu allem Übel war Aspasia zu intelligent, sie stand zu sehr mit den Männern auf gleicher Stufe, und die komischen Dichter, die Stimme des Volkes, stellten sie als Prostituierte oder als Inhaberin eines öffentlichen Hauses dar. Perikles reagierte auf diese Beleidigungen nicht, als man Aspasia jedoch wegen Gottlosigkeit den Prozeß machte, flehte der fünfundsechzigjährige Staatsmann die Richter an, sie nicht zu verbannen.

Schließlich Phidias. Über diesen Prozeß oder diese Prozeßserie wissen wir wenig. Grundlage der Anklage war auch hier der bequeme, weil unklare Vorwurf der Gottlosigkeit.

Man warf dem Bildhauer vor, er habe sich und Perikles auf dem Schild Athenes verewigt, der den Kampf mit den Amazonen darstellte. Ankläger war ein gewisser Menon, Ausländer und Phidias' Mitarbeiter. Gewiß verbarg sich hinter dem Rücken dieses Individuums einer der mächtigen Gegner des Perikles. Die Menge verbreitete ein Gerücht, der Bildhauer habe das für das Athene-Denkmal bestimmte Gold veruntreut. Phidias wurde verbannt.
Plutarch übermittelt eines der erschütterndsten und menschlichsten Porträts Perikles'. Er sitzt sorgenvoll am Hang der Akropolis und stützt seinen unschönen, großen, zwiebelförmigen Kopf in die Hand. Die Geschichte hat uns viele Namen großer Träumer überliefert, in ihrem Kreise jedoch ist Perikles einer der präzisesten und konkretesten.
Man hat ihm vorgeworfen, das gigantische Unternehmen des Wiederaufbaus der Akropolis habe einen bedeutenden Teil des (Mitte des fünften Jahrhunderts von Delos nach Athen verlagerten) Bundesschatzes der griechischen Städte verschlungen, der für Verteidigungszwecke bestimmt gewesen sei, nicht aber zur Ausschmückung der Stadt. Zu Perikles' Rechtfertigung ließen sich viele Argumente anführen.
Der Bau des Haupttempels, des Parthenon, begann zweiundzwanzig Jahre nach Beendigung des zweiten Perserkrieges und im vierzehnten Jahr des Perikleischen Prinzipats. Diese Jahre waren dem Wiederaufbau der Stadt gewidmet. Im Gegensatz zu den Häusern der Römer waren die der Griechen und ihre öffentlichen Bauten überaus bescheiden. Der Stolz, der den Athenern nach dem Sieg über die asiatische Großmacht die Brust sprengte, die Rolle Athens, der tatsächlichen Hauptstadt Griechenlands oder, wie man sich vorsichtig ausdrückte, der »Schule von Hellas«, forderte ein Werk nach dem Maß ihres Ehrgeizes.
Lange Zeit herrschte die Ansicht, die Baukosten des Parthenon hätten die Summe von zweitausend Talenten überschritten. Der Archäologe R. S. Stanier ist nun, gestützt auf erhaltene

Inschriften, zu der Überzeugung gelangt, der größte Tempel der Akropolis habe 469 Talente gekostet, also ungefähr soviel wie der alljährliche Tribut, den die Städte des Bundes an Athen zu leisten hatten.

Mauern, Säulen, Fußboden beanspruchten den Löwenanteil der Ausgaben, nämlich 365 Talente. Decke, Dach und Türen kosteten 65 Talente. Charakteristischerweise machten dagegen die Ausgaben für den Fries, die Giebelreliefs und die Metopen, die Arbeiten also, die wir heute so hoch schätzen und für Kunstwerke halten, nur die relativ kleine Summe von 39 Talenten[1] aus.

Hier muß man hinzufügen, daß diese gesamte Kalkulation nur den Bau selbst betrifft. Man weiß, daß sich im Inneren des Tempels das Standbild der Athene befand, das Werk des Phidias. Der unschätzbare Pausanias, geduldiger Inventarisator so vieler verlorener Kunstwerke des Altertums, hat uns folgende Beschreibung überliefert: »Das Kultbild stellt Athene aufrecht dar, mit einem Chiton bis zu den Füßen; an ihrer Brust ist das Medusenhaupt aus Elfenbein modelliert. Athene hält eine Siegesgöttin, etwa vier Ellen hoch, in der Hand und eine Lanze. Zu ihren Füßen lehnt der Schild, und neben der Lanze ringelt sich eine Schlange. Die Schlange stellt zweifellos Erichthonios dar. Der Sockel zeigt die Geburt der Pandora, der ersten Frau, die auf der Erde erschien, wie Hesiod und andere Dichter erzählen.«

Das Standbild ging verloren, und alle hypothetischen Rekonstruktionen, selbst die bekannteste des österreichischen Gelehrten Camillo Praschniker, versetzten uns in eine Art ästhetischer Verlegenheit; ein zwölf Meter hoher Koloß, im Inne-

1 Die Umrechnung der Währung zurückliegender Zeiten verursacht stets Mühe. Drachmen und Talente klingen für uns abstrakt. Bekanntlich bildeten 100 Drachmen eine Mine und 60 Minen ein Talent. Die athenische Drachme wog etwas über vier Gramm, ihr Wert wird mit $1/5$ US-Dollar angegeben. Ein Sklave kostete 150–300 Drachmen und brachte einen durchschnittlichen Jahresverdienst von 60 Drachmen (man vermietete ihn für einen Obolus täglich). Ich weiß aber nicht, ob diese Berechnungen ein Licht auf die Kaufkraft des athenischen Geldes werfen.

ren durch eine Holzkonstruktion gestützt, die Körperteile aus Elfenbein, das Gewand aus Goldplatten, die Augen aus Email, die Pupillen aus schwarzem Stein. Zum Glück verdeckten die Schatten des dämmerigen Naos das Denkmal. Dazu kostete das monströse Kleinod, wie man annimmt, viermal soviel wie das Gebäude, in dem es stand.

Athen erlebte eine Periode unerhörter wirtschaftlicher Entwicklung. Die intensiv ausgebeuteten Gruben von Laurion lieferten nicht nur das wertvolle Silber, sie erlaubten auch, eine wertbeständige und allgemein begehrte Münze zu prägen, die binnen kurzem internationale Währung wurde. Die Hauptstadt des wenig fruchtbaren, trockenen Attika zählte zur Zeit der Peisistratiden ungefähr zwanzigtausend Einwohner, in der Epoche des Perikles dagegen zweihundertfünfzigtausend (einschließlich Metöken und Sklaven), was eine für die damalige Zeit ungewöhnliche Bevölkerungsdichte ergab (über 100 Einwohner pro km²). Die Durchführung der großen öffentlichen Arbeiten war nicht nur eine Danksagung an die Götter für ihre Hilfe im Kampf mit den Persern, sondern auch eine wirtschaftliche Notwendigkeit.

Am besten stellt man sich sie so vor: Die Akropolis war das Werk eines großen Staatsunternehmens, das Tausende von Sklaven beschäftigte und das die Entwürfe selbstverständlich von den genialen Athener Architekten verwirklichen ließ: Iktinos, Kallikrates und Mnesikles; die freien Bürger hatten die Aufsicht bei der Ausführung, ihnen oblag auch ein Teil der bildhauerischen Ausgestaltung der Tempel. In Wahrheit aber ist die Akropolis eine »Gemeinschaftsarbeit« von – das scheint uns heute unbegreiflich – Hunderten kleiner Werkstätten. Jeder Bauteil wurde in den Baubuden am Fuß des heiligen Hügels ausgeführt und wanderte dann auf dem Rücken eines Maultiers hinauf zur Akropolis. Und noch eine unendlich wichtige und nutzbringende Einzelheit: Die Steinbrüche, aus denen man den Marmor holte, lagen keinen Tagesmarsch von Athen entfernt.

Die Beteiligung am Bau entsprach dem Vermögen der Bürger. Wer nur einen Sklaven besaß, war verpflichtet, zehn Karren voll Marmor herbeizuschaffen; wer zwei freie Handwerker und drei Sklaven beschäftigte, schloß einen Vertrag über die Errichtung einer Säule. Die Arbeit an einer Säule dauerte 50-110 Tage.

Der Kreis der Beschäftigten war natürlich nicht auf Steinmetzen und Bildhauer beschränkt, sondern umfaßte auch Zimmerleute, Seiler, Goldschmiede und Maler.

Wieviel verdienten sie? Wir kennen Rechnungen aus der Zeit der Errichtung des Erechtheions (Arbeitsbeginn im Jahre 409/408). Arbeiter, Handwerker, Architekten verdienten eine Drachme, das war das Unterhaltsminimum einer Familie (für 55 Liter Getreide zahlte man damals in Athen 2 Drachmen, ein Ochse kostete 50-100 Drachmen). Überraschend ist die fehlende Differenzierung der Löhne. Ein gewöhnlicher Steinmetz erhielt seine Bezahlung als Tagelohn, der Architekt dagegen alle paar Wochen. Frappierend ist auch der verhältnismäßig geringe Unterschied zwischen den Verdiensten schwer arbeitender und hochqualifizierter Bauarbeiter und den »Diäten« der verschiedenen Beamten, Richter und Magistratsschreiber. Die vorzüglichen athenischen Handwerker erhielten keinen Gegenwert für ihr Können, keine Prämie für ihr Talent[2].

Die dem Auge verborgenen Teile wurden mit derselben Sorgfalt ausgeführt wie die an der Außenseite. Die Säulen wirk-

2 Hier wäre hinzuzufügen, daß das persönliche Vermögen der Athener überaus klein war, unvergleichlich geringer als der Reichtum der Römer. Eine Ausnahme bildeten die paar athenischen »Krösusse«, die die Gruben von Laurion ausbeuteten; sie besaßen ein Vermögen von einigen hundert Talenten. Diogenes von Laërte führt in seinen Lebensbildern der Philosophen das Testament Platons an, eines – wie wir wissen – reichen Aristokraten, der außer zwei kleinen Grundstücken (Parzellen?) seinen Erben vier Sklaven und nicht viel mehr als acht Minen in sogen. Bargeld, Geräten aus Silber und in Darlehen hinterließ, die er, wie es scheint, gegen Zinsen vergeben hatte.

ten wie aus einem Block gehauen. Diesen Effekt erreichte man durch den äußerst präzisen Schnitt der einzelnen Steintrommeln, sie paßten in fast idealer Weise aufeinander. Ungenauigkeiten an den Flächen beseitigte man durch Abschmirgeln mit Sand und Wasser. Mitten in der Säule befanden sich quadratische Öffnungen. Dort hinein schlug man Zapfen aus Olivenholz. Man verwandte also weder Mörtel noch Metallklammern.

Die erhaltenen Zeugnisse bestätigen übereinstimmend, daß die Arbeiten, die Phidias beaufsichtigte, in einer Atmosphäre der Freude und Begeisterung ausgeführt wurden. Nur so kann man sich die ausgezeichnete Qualität der Konstruktion und die Geschwindigkeit erklären, mit der die Tempel emporwuchsen. Der Parthenon, 447 begonnen, war im Prinzip nach neun Jahren vollendet, wenn auch die Arbeiten an den Friesen noch weitere sechs Jahre dauerten. Die Propyläen, deren endgültige Vollendung der Peloponnesische Krieg unterbrach, wurden im Rekordtempo von fünf Jahren errichtet.

Die Überlieferung besagt, die Göttin Athene selbst habe die Arbeiten unmittelbar überwacht. Als einer der besten Handwerker vom Gerüst fällt und tödlich verletzt ist, erscheint Athene dem Perikles im Traum und empfiehlt ihm ein Wundermittel, das dem Mitarbeiter an dem großen Werk das Leben rettet. Diese Geschichte wirkt, als wäre sie direkt den Bauchroniken der gotischen Kathedralen entnommen.

Der Berg, auf dem die Tempel der Akropolis stehen, ist schön, er fällt an drei Seiten steil, in fast senkrechten, blaugrauen Flanken ab. Nur nach dem Meer zu ist der Hang sanfter, immer jedoch hatte die Pilgerfahrt auf den heiligen Hügel den Charakter einer recht mühseligen Kletterei. Der Akropolis-Felsen erhebt sich fünfzig Meter hoch. Der flache Berggipfel hat annähernd die Form eines Dreiecks mit einer Basis von hundertfünfzig und einer Länge von dreihundert Metern. Schon in diesen Ziffern kann man den natürlichen Modul und den Proportionsgrundsatz erkennen, als hätte

die Erde selbst den Rhythmen der Architektur den ersten Takt angegeben.
Man betritt die Akropolis heute durch das sogenannte Beulé-Tor. Eine poetische Inschrift in griechischer Sprache verkündet, Frankreich habe dieses Tor, aber auch die Mauern, Türme und Treppen entdeckt. Datum: das Jahr 1856.
Was der französische Archäologe für den Haupteingang hielt, was seiner Meinung nach aus der klassischen Epoche stammte, war nichts anderes als der Abstand zwischen zwei Pylonen, die zur späten Kaiserzeit errichtet wurden und ohne jede Spur griechischer Konstruktion sind. Wahrscheinlich wurden sie gebaut, als die Akropolis sich gegen Barbaren aus dem Norden verteidigen mußte.
Man könnte glauben, es gäbe in der Archäologie nichts besser Erforschtes als die Topographie der Akropolis. Das suggerieren einem die Reiseführer, die im großen und ganzen die Lage der Hauptgebäude in der Epoche Perikles' angeben. Doch darf man nicht vergessen, daß der heilige Hügel seit neolithischen Zeiten besiedelt war. Hier finden sich Spuren eines Palastes aus der mykenischen Zeit und Reste zyklopischer Mauern ähnlich denen, die wir in Argos und Mykene sehen. Bestimmt haben hier hölzerne Tempel gestanden, später Tempel aus Stein, von den Tyrannen erbaut. Hier wurden die ersten legendären Könige Athens bestattet. Hier suchte man Schutz vor den Invasionen der Feinde. Diesen Doppelcharakter einer Festung und Kultstätte besaß die Akropolis im Gesamtverlauf der Jahrtausende ihrer stürmischen Geschichte.
Der alte Weg, den die Prozessionen nahmen, um auf den heiligen Hügel zu gelangen, wurde durch einen Serpentinen-Pfad unter Bäumen ersetzt, damit die Touristen es bequemer haben. Je näher man dem Ziel kommt, desto mehr verschwinden die Bauten auf dem Hügel. Als erstes das Erechtheion, es wird von der massiven Wand der Pinakothek verdeckt, dann der Parthenon. Mächtige Säulenbasen, übereinanderge-

lagerte Bastionen, senkrecht aufeinanderstoßende Steinmassen hemmen den Blick. Was sollten die Propyläen, auf die die Athener so stolz waren? Verteidigungszwecken dienten sie nicht, das steht fest. Sie drückten die irrige Hoffnung der Menschen der Perikles-Zeit aus, die Akropolis werde nie mehr eine Festung, ein letzter Zufluchtsort sein müssen. Wer immer aus dem scharfen Licht in den Schatten des mit einem heute nicht mehr existierenden Dach gedeckten Säulenganges trat, mußte Bewunderung und Respekt für die Macht der Stadt empfinden, die dieses Bauwerk errichtet hatte.

Wenn Spekulationen über die ästhetische Funktion der Propyläen erlaubt sind, waren sie ein steinerner Vorhang, ein Blickfang. Dahinter wartete die Begegnung von Angesicht zu Angesicht mit dem Parthenon. Sie waren wie das Einsaugen der Luft in die Lungen vor dem Schrei der Bewunderung. Jenseits der Propyläen taucht noch unerwarteter der Parthenon auf, größer, machtvoller, als wenn er vor unseren Augen auf der Wanderung Schritt für Schritt emporgewachsen wäre.

Man darf jedoch nicht vergessen, daß wir – abgesehen vom heutigen Zustand des Gebäudes – den Parthenon ganz anders sehen als die Menschen der Antike. Der Athener des fünften Jahrhunderts bemerkte nach dem Durchschreiten der Propyläen gerade noch den oberen Teil des Parthenon, seine Fassade wurde von der Umfassungsmauer rund um das heute nicht mehr vorhandene Artemis-Heiligtum verdeckt. Seinen Blick zog bestimmt zunächst das neun Meter hohe Standbild der Athena Promachos an, ein heute verlorenes Werk des Phidias. Links von der Athena-Statue stand eine Quadriga aus Bronze, rechts standen die Trophäen aus dem zweiten Perserkrieg: Schiffsschnäbel, Waffen, Helme und Schilde.

Die Touristen der Antike achteten weniger auf die rein ästhetischen Werte der Architektur – die Linien der Säulen, das Gleichgewicht der Massen –, viel mehr fesselten sie Kuriosa (wie das Modell des Trojanischen Pferdes), Denkmäler, Votivgaben, Trophäen, Stelen, Reliquien, Bäume und Steine mythischer Herkunft. Darauf weisen zum mindesten die minuziösen Beschreibungen dieser für uns unwichtigen Details aus der Feder antiker Reiseschriftsteller hin, z. B. des Polemon aus dem zweiten Jahrhundert vor Christus, der ihnen vier ganze Bücher seines Werkes widmet. Denn die alten Tempel, unter ihnen die Akropolis, waren nicht nur Kultplätze, sondern wahre Raritätenkabinette, Museen nationaler Andenken.

Die Propyläen, diese verschwenderische, hochmütige, schloßartige, man möchte sagen theatralische Dekoration, kosteten viermal soviel wie der Haupttempel der Akropolis. Mnesikles schaffte es, die Masse der Bauten vor dem Peloponnesischen Krieg fertigzustellen, doch beide Flügel zeugen vom plötzlichen Abbruch der Arbeiten.

An der Nordseite der Propyläen steht die Pinakothek, das heute leere Museum der griechischen Malerei, deren vollständiger Verlust uns zu Vermutungen und Erfindungen verurteilt. War sie wirklich so naturalistisch, daß Apelles' Weintrauben die Vögel anlockten? Und wie soll man sich die Malerei des Pamphilos vorstellen, der Gewitter und Blitze malte und, wie Plinius schreibt, »das, was sich nicht malen läßt«.

Neben dem südlichen Flügel erhebt sich auf der am weitesten vorgeschobenen Bastion der kleine jonische Tempel der Athene-Nike, beunruhigend leicht und zart über dem Steilhang, den sich der unglückliche Ägeus hinunterstürzte.

Lange glaubte man, der Parthenon habe sich zu Perikles' Zeiten den Augen gezeigt, sobald die letzten Säulen der Propyläen hinter dem Besucher lagen. Indessen mußte man sich dazu seiner Westfassade nähern, wo sich ein dreieckiger Hof mit den kleinen Propyläen befand, durch die hindurchblikkend man erst die ganze Masse des Bauwerks erfassen konnte. Die griechischen Architekten errichteten nicht nur ihre Tempel, sondern nützten auch das Gefälle des Terrains, die Terrassen und Mauern aus und schufen mit der gleichen Konse-

quenz und Finesse »Aussichtspunkte«, wie die anderen architektonischen Details.
Der Parthenon ist bestimmt einer der schönsten dorischen Tempel. Er wirkt wesentlich größer und mächtiger, als die realen Maße ausweisen: 69 Meter Länge, 31 Meter Breite, 17 Meter Höhe. Der Eindruck des Riesenmaßes ergibt sich – wenn wir uns nicht mit der Bemerkung eines Ästheten zufriedengeben wollen, die griechischen Tempel hätten keine Maße, sondern nur Proportionen – auch daraus, daß das Bauwerk gleichsam von der Erde abgehoben ist. Es steht auf einem imposanten Stylobat von drei Stufen unterschiedlicher Höhe. Am höchsten ist die Stufe, auf die sich die Säulen stützen.
Das Bauwerk ist versehrt, der Skulpturen beraubt, die einen wesentlichen, unentbehrlichen Teil der Architektur bildeten. Der Blick der Griechen fiel unweigerlich auf die heute leeren oberen Partien des Tempels, in die Phidias den Streit zwischen Poseidon und Athene um Attika (Westgiebel) und die Geburt der Athene (Ostgiebel) gemeißelt hatte. Die Skulpturen waren polychrom: Gold, Blau, Rot, Bronze, keineswegs »diskret«, wie die blassen Ästheten wollen. Nicht für uns wurden diese bunten Bilder des antiken Himmels geschaffen, sondern für den Kaufmann aus Delos, den Bauern aus Böotien, für die Abgesandten ferner und armer verbündeter Städte, um sie zu blenden. Athene, mit der Stadt identifiziert, war wie in den homerischen Hymnen eine Demonstration der Stärke. Der Hohe Olymp bebte unter der Last der machtvollen Göttin mit den blaugrünen Augen:

»[...]Ringsum
Dröhnte die Erde entsetzlich. Es hoben sich schäumend des Meeres
Purpurne Wogen. Dann aber stockte urplötzlich das Salzmeer.«

Das Thema der Metopen war die Gigantomachie, die Eroberung Trojas, der Kampf mit den Amazonen und schließlich der Kampf der Zentauren mit den Lapithen. Die Wahl dieser legendären Episoden war durchaus nicht zufällig, sie hatte deutlich ideologischen Sinn. Diese Kämpfe bildeten den mythischen Prolog der Perserkriege, die mit dem Sieg Europas über Asien gekrönt wurden. Das Alte Testament der griechischen Legenden reicht hier der zeitgenössischen Geschichte die Hand.

Der teilweise erhaltene sogenannte innere Fries stellt die panathenäische Prozession dar.[3] Sie ist ein Gruppenporträt der freien Bürger einer freien Stadt, die unterwegs sind, um ihrer himmlischen Protektorin zu huldigen. Wer in Wirklichkeit auf den Stufen des Tempels stand, wurde in die Nachbarschaft der Götter versetzt, nicht auf den Knien, sondern in einem Vorbeizug des Schönen, ohne falsche Bescheidenheit und ohne den herausfordernden Hochmut der Götterstürzer. Es ist beunruhigend (beunruhigend für die, denen die griechischen Tempel eine Heimstatt des Rationalismus sind), daß dieser Fries fast unsichtbar, stets im Schatten der Decke des Peristyls lag.

Heute ist das alles nicht mehr vorhanden. Wir haben gelernt, die Werke der griechischen Kunst als Fragmente und Bruchstücke zu betrachten. Allzu leicht haben wir geglaubt, sie verdankten ihre Vollkommenheit und Schönheit der Tatsache, daß sie Fragmente und Bruchstücke sind. Wir können, ja wollen uns die Arme der Venus von Milo nicht vorstellen

3 Der arme Perikles – auch dieser Traum ging ihm nur teilweise in Erfüllung. Die Panathenäen sind nie ein gesamthellenisches Fest geworden. Dem stolzen Athen zogen die Griechen arme, unpolitische Städte mit jahrhundertealter Tradition vor: Olympia, Delphi. Zum wirklichen Volksfest aber wurden nicht die allzu erhabenen, allzusehr inszenierten Panathenäen, sondern die plebejischen, derben, vulgären großen und kleinen Dionysien, die in ihrem Charakter an die mittelalterlichen *Fêtes des Fous* erinnern, jene von der Kirche geduldete obszön-hermetische Kirmes mit ihrer Verspottung des Papstes und mit dem Wagen, der den Triumph des Bacchus darstellt und von nackten Zentauren und Zentaurinnen in Gesellschaft des Großen Pan gezogen wird.

und ebensowenig irgendeinen griechischen Tempel, wie er wirklich aussah.

Wir schöpfen eine besondere (noch nie voll analysierte) ästhetische Befriedigung daraus, daß das Kapitell einer Säule nichts trägt, daß die Skulpturen in beschädigtem Zustand auf uns gekommen sind, daß die Marmorwange einer Göttin plötzlich ihre körperhafte Glätte verliert und zu rohem, rauhem Stein wird. Die ständige Nachbarschaft von Kunst und Natur, die deutliche Grenze zwischen dem, was der Meißel des Künstlers, und dem, was der Meißel der Natur geschaffen hat, weckt nicht die Phantasie zur gedanklichen Vollendung des Ganzen, im Gegenteil, sie schläfert sie ein.

Die Ästheten des neunzehnten Jahrhunderts (und auch heute ist dieses Verhältnis zu den antiken Werken nahezu allgemein) waren fast zufrieden, daß die griechischen Bauwerke ohne Farben und Skulpturen auf uns gekommen sind. Die Zeit hatte sie zum Skelett reduziert, zu rudimentärer Gestalt. Uns erfüllt eine mehr intellektuelle als sinnliche Freude, die aus der Analyse dieser Formen entspringt. Wir berauschen uns an den »optischen Korrekturen« der Griechen, die bei den hervorragendsten Bauten den Eindruck erwecken, als wären sie unter dem Meißel eines einzigen Bildhauers entstanden. Die Ecksäulen sind etwas dicker als die anderen, weil sie stärker dem Licht ausgesetzt sind, das die Eigenart hat, Gegenstände schlanker erscheinen zu lassen; auch stehen sie den benachbarten näher, damit sie nicht isoliert wirken. Die Linien des Stylobats und des Architravs sind nicht horizontal, sondern leicht gewölbt. Für Iktinos und Kallikrates, die großen Baumeister des Parthenon, waren jene »optischen Korrekturen« wohl nicht nur eine Sache der Ästhetik, sondern ein reales technisches Postulat: Sie sicherten dem Gebäude Geschlossenheit und Statik.

Nördlich des Parthenon, nahe der Mauer des Themistokles, befindet sich das erst im Jahre 407 vollendete Erechtheion. In klassischer Zeit trug es – entgegen der offenkundigen Chronologie – den Namen Alter Tempel. Herodot erzählt, als die Perser in die Akropolis eindrangen, hätten gerade hier die letzten Verteidiger Schutz gesucht und die Götter um ein wunderbares Eingreifen angefleht. Diese Episode weist darauf hin, daß dies die heiligste Stelle des heiligen Hügels war, vielleicht der Sitz eines Orakels in vorklassischer Zeit, vielleicht auch das Palais der mykenischen Könige.

Trotz der nun schon über Jahrzehnte fortdauernden Ausgrabungsarbeiten und Forschungen gehört das Erechtheion zu den am schwierigsten zu bestimmenden griechischen Heiligtümern. Zahlreiche Kulte mischen und überlagern sich hier. »Das wahre Chaos einer heiligen Stätte«, wie jemand richtig gesagt hat.

Das Erechtheion macht nicht den Eindruck eines einheitlichen Bauwerkes wie der Parthenon; es besteht in Wirklichkeit aus zwei verbundenen Tempeln: Der östliche Teil ist Athene geweiht, der westliche Poseidon, den die Tradition manchmal mit Erechtheus gleichsetzte, einem der ersten Herrscher Attikas in mythischer Zeit. Nach der Absicht der Erbauer war das also ein Versöhnungstempel, denn beide Gottheiten hatten sich bekanntlich um die athenische Erde gestritten.

Der Nordteil des Erechtheions ist, was Plan und Bedeutung angeht, der geheimnisvollste. Wie man weiß, stand der Altar in der Regel vor dem griechischen Tempel; hier dagegen finden wir im Inneren gleich drei Altäre. Der Tempel diente zugleich auch als Mausoleum oder besser als eine geheiligte Grabstätte, wo unter einem Karyatiden-Portikus die Gebeine der ersten Könige Attikas lagen. Steinbänke längs der Mauern geben zu der Vermutung Anlaß, daß hier Initiationsfeiern stattfanden. So umhüllt der ionische Tempel das älteste Reliquiar athenischer Mythen und Kulte.

Was ist die Akropolis als Ganzes? Die Antwort aus den Schulbüchern würde lauten: ein harmonisches Ensemble der Architektur. Doch der unbefangene Blick entdeckt, daß es so nicht ist. Der monumentale dorische Parthenon steht neben dem ionischen Erechtheion, die mächtigen Propyläen neben dem eleganten, leichten, wie eine Zeichnung ziselierten Nike-Tempel.

Der Archäologe A. W. Lawrence kam aufgrund eines Vergleiches der Akropolis mit dem Palast von Persepolis zu dem Schluß, Perikles habe mit dem prunkvollen Bau der besiegten persischen Monarchen wetteifern wollen. Beweis dafür sei der in der griechischen Kunst unbekannte Grundsatz der Dissymmetrie, die Konzentration der Hauptakzente auf ein nicht zentral gelegenes Gebäude, der prächtige palastartige Eingang, auch eine gewisse übertriebene Verschwendungssucht bei der Außendekoration.

Eine einfachere und wahrscheinlichere Antwort auf die Frage, warum die Akropolis kein Ensemble mit einheitlichem Ausdruck ist, gibt allein schon die Chronologie der Entstehung der einzelnen Bauwerke. Wir kennen Perikles' Pläne nicht, denn sie wurden nie ganz verwirklicht. Der Kriegsausbruch und der Tod des Anführers haben die Arbeiten unterbrochen. Sein Werk sind der Parthenon und die Propyläen. Beide sind aus demselben Geist geboren. Monumental und klar in der Anlage, bringen sie voller Stolz und Zukunftsglauben den Triumph der Demokratie zum Ausdruck.

Als Perikles seine – durch Thukydides überlieferte – Grabrede zu Ehren der im ersten Jahr des Peloponnesischen Krieges gefallenen Athener hielt, hätte man eine lange Litanei von Göttern erwartet, deren Schutz er das Geschick der Bürger empfahl. Dabei war es ein Loblied auf die Stadt. Der Name Athen erklang nicht nur in erhabenem, sondern in einem fast religiösen oder mystischen Ton.

Der Peloponnesische Krieg gebot der Macht Athens Einhalt. Seinen Schatten kann man an den Gebäuden auf der Akropolis deutlich verfolgen. Der Parthenon ist zwanzig Jahre älter als das Erechtheion (weniger als ein Menschenalter), doch die Tempel scheinen aus ganz verschiedenen Epochen zu stammen. Der erste, machtvolle ist einem einzigen Gott oder auch der vergöttlichten Stadt gewidmet. Der zweite hat einen kaprizösen Plan, Säle auf zwei Ebenen, drei Eingänge, er ist geschmückt mit übergroßen, ihrer Funktion nicht entsprechenden Karyatiden und versammelt unter seinem Dach viele Heroen und Götter. Man kann darin eine für die Zeiten des Niedergangs bezeichnende Flucht in die Vergangenheit finden, eine Rückkehr zu Früherem, ein eifriges Suchen nach Tradition. Die Säulen des Parthenons sind wie der versteinerte Chor aus der *Antigone*[4]. Das Erechtheion kündigt, ähnlich wie Euripides, die hellenistische Welt an, eine Welt der zerstrittenen Imperien und der Unruhe.

II

Athen – voll von Ruinen alter Paläste – ist ein großes, armes Spital, in dem es soviel Elende gibt wie Christen. *Babin*

Im Laufe von fast zweieinhalbtausend Jahren ist die Akropolis von Kriegen, Belagerungen, Raubzügen, Profanationen überflutet worden. Es kommt einem ganz unwahrscheinlich vor, daß es möglich war, einen Teil von Perikles' Werk wiederherzustellen. Ein paar gotische Inschriften, türkische Grabsteine und venezianische Löwen sind die einzigen Zeugen der stürmischen Geschichte dieses heiligen Hügels.
Alexander der Große wußte, daß Athen die Hauptstadt der antimazedonischen Irredenta war und es noch lange sein würde. Doch das Prestige der alten Hauptstadt Griechenlands war so groß, daß er nach der Schlacht am Granikos, die ihm die Tore Asiens öffnete, zwanzig erbeutete Schilde dorthin sandte; sie wurden an den Säulen des Parthenons aufgehängt.

4 Nebenbei gesagt war Sophokles, Perikles' Freund, zur Zeit des Baus des Parthenon Vorsitzender der Finanzkommission, der die Verwaltung des Bundesschatzes oblag.

Der Sohn eines seiner Generäle, ein gewisser Demetrios mit dem Beinamen Städteeroberer, ließ sich eine Profanation zuschulden kommen, wie sie die Geschichte der Akropolis weder vorher noch nachher verzeichnet. Er nahm einfach Wohnung im Parthenon, d. h. er verwandelte einen Teil des Tempels in seine private Residenz, wobei er den Athenern erklärte, die Göttin habe ihn persönlich in ihr Haus eingeladen. Dort benahm er sich überaus freizügig. Er veranstaltete pompöse Gastmähler in Gesellschaft bekannter Kurtisanen, und als der Skandal alle Grenzen überschritten hatte, fand eine theatralische Versöhnung mit der Göttin statt. Plutarch spricht davon mit schöner Zurückhaltung: »Mit Rücksicht auf den Ruhm der Stadt ist es nicht nötig, genau und mit Einzelheiten von all den Schändlichkeiten und Nichtswürdigkeiten zu erzählen, die hier verübt worden sind.« Die Demetrios-Episode wirkt wie unmittelbar den Kaiserbiographien des Sueton entnommen.
Korinths Zerstörung durch die Römer im Jahre 146 (suggestive Beschreibung bei Polybios: »In den Staub geworfene Bilder und auf ihnen ausgestreckt würfelnde Soldaten«) hätte ein drohendes Memento für Athen sein müssen. Doch in dieser Stadt, wo jeder Rhetor ein unbefriedigter Liebhaber der Freiheit war, wartete man nur auf die Gelegenheit zur Rache. Die inneren Schwierigkeiten Roms bewogen Mithridates, den König von Pontus, sich mit Roms Gegnern im Osten und in Griechenland zu verbünden. An die Spitze der antirömischen Bewegung in Athen tritt der Rhetor Aristion, den das Volk zum Strategen ausruft. Der römische Senat schickt Sulla gegen Mithridates. Seine Truppen waren schwach, doch mit unvergleichlicher Grausamkeit warf er die Griechen auf die Knie. Die Schatzkammern von Olympia, Epidauros, Delphi wurden beraubt, die heiligen Haine gefällt. »Wir sind Soldaten der Götter, weil die Götter uns bezahlen.«
Die Belagerung Athens dauerte neun lange Monate. Am ausdauerndsten verteidigte sich die Akropolis. Als Aristion, der

allzuviel Vertrauen in die Beredsamkeit setzte, zwei Rhetoren entsandte, um den römischen Heerführer von der Notwendigkeit zu überzeugen, die Belagerung aufzuheben, antwortete Sulla kurz: »Senat und Volk von Rom haben mich hierhergeschickt, nicht damit ich Unterricht in der Redekunst nehme, sondern damit ich die Anführer bestrafe.« Im Mai 86 fällt die Akropolis. Ein Massaker unter den Verteidigern, der Selbstmord der besten Bürger – und Schiffe voller Kunstschätze und Handschriften schwimmen mit Kurs auf die neue Hauptstadt der Welt.

Es fällt schwer, auch nur annähernd eine Bilanz der Opfer und Verluste aufzustellen, die Griechenland erlitten hat, um die Schule Roms zu werden. Zu den Kriegsplünderungen muß man nämlich noch die große Zahl derjenigen Werke hinzurechnen, die private Sammler verschleppt haben.

Ein paar Jahre vor dem Ersten Weltkrieg bedeutete es eine archäologische Sensation, als man auf dem Meeresgrund nahe der tunesischen Küste, etwa auf der Höhe von Mahdia, ein Schiff voller Kunstwerke, Möbel und sogar Baumaterialien wie vier Meter lange Säulenstücke, architektonische Teile, Marmorblöcke, Kapitelle fand. Diese Objekte besaßen hohen Kunstwert, und die Gelehrten stellten mühelos mit Hilfe von Inschriften auf Grabstelen fest, daß sie aus Athen stammten. Die Schiffskatastrophe mußte Anfang des ersten Jahrhunderts vor Christus erfolgt sein. Zweifellos war das eines der Schiffe, die Sullas Raubgut vom Piräus nach Rom brachten. Überladen scheiterte es im Sturm vor der tunesischen Küste. Aus anderer Quelle wissen wir, daß Sulla aus Athen Säulen herbeischaffte, die zum Wiederaufbau des im Bürgerkrieg niedergebrannten Kapitols verwendet wurden.

Der berühmte, durch Ciceros Anklagerede verewigte Verres-Prozeß aus dem Jahre 70 v. Chr. liefert uns wertvolle Analogien und gibt einen Eindruck von dem römischen »Kunsthunger«. Während der drei Jahre seines hohen Amtes auf Sizilien raubte Verres alles, von Götterstatuen aus den Tempeln bis zu Ringen, die er an den Fingern reicher Sizilianer bemerkte. Der Wolfshunger der neuen Herren der Welt ging keineswegs Hand in Hand mit ihrer Kennerschaft, und oft stoßen wir bei den Römern auf überraschende Ignoranz. Der Konsul Mummius, der Korinth einnahm und plünderte, drohte den für den Abtransport der griechischen Kunstwerke nach Rom Verantwortlichen, er werde sie zwingen, die Meisterwerke neu zu schaffen, wenn sie beschädigt würden – als ob das möglich gewesen wäre!

Cicero selbst übrigens, ein leidenschaftlicher Sammler, wovon seine Briefe an Atticus zeugen, als dieser sich in Griechenland aufhielt (»Wenn du Standbilder findest, die für mich geeignet sind, zögere nicht und kaufe sie mir«), machte in seiner Rede gegen Verres eine Reihe von Fehlern (falsche Zuschreibungen, mangelnde Unterscheidung wesentlicher künstlerischer Werte usw.).

Seit Augustus praktizierten die Cäsaren Athen gegenüber eine eher liberale Politik. Petronius witzelt im *Satiricon*, es sei in Athen leichter, Göttern zu begegnen als Menschen. In der Tat, unter der römischen Herrschaft erlebte die ehemalige Hauptstadt Griechenlands eine wahre Invasion von Denkmälern, die nicht nur Götter und Kaiser darstellten, sondern auch zweitrangige Protektoren und Wohltäter der Stadt. Von Augustus gab es mehrere Standbilder in Athen und mindestens eines auf der Akropolis. Nahe dem Parthenon, zwanzig Meter von seiner Ostfassade entfernt, errichtete man einen der Roma und dem Kaiser geweihten Tempel. Von ihm sind nur geringe Fragmente erhalten geblieben, aus denen zu entnehmen ist, daß dieser kleine, schwerfällige Rundbau dicht neben dem Meisterwerk aus Perikles' Zeiten ein ästhetisches Mißverständnis war. Neben der Westwand der Pinakothek befindet sich bis heute ein riesiger Sockel aus grauem Marmor, auf dem nacheinander Denkmäler zu Ehren eines der Könige von Pergamon, dann des Antonius und der Kleopatra und schließlich des kaiserlichen Schwagers Agrippa standen, der, wie wir wissen, einige Privilegien für die Stadt erwirkt hatte[5].

Nicht nur die Sockel wechselten ihre Besitzer. Oft montierte man ganz einfach einen neuen Kaiserkopf und eine neue Inschrift, so daß dieselbe Statue der Reihe nach Tiberius, Nero, Vespasian oder Titus darstellte.

Der Apostel Paulus hat den Athenern viel zu sehr geschmeichelt, als er sie die religiösesten unter den Menschen nannte, weil er in Athen den Tempel des unbekannten Gottes sah. Es war nur eine schlichte Vorsichtsmaßnahme, genauso wie die Denkmäler der Cäsaren keinen Enthusiasmus, sondern Opportunismus beweisen.

In dieser Skizze interessieren uns hauptsächlich die Geschichte der Akropolis und ihre architektonischen Wandlungen. Den Kaisern Claudius und Caligula wird die Errichtung der großen Treppe zu den Propyläen zugeschrieben, die im Stil der kapitolinischen gehalten ist. Einer der authentischen Freunde von Hellas, der Kaiser Hadrian, realisierte seine Verschönerungspläne für Athen außerhalb des heiligen Hügels. Doch notiert Pausanias, sein Denkmal habe sich im Inneren des Parthenons befunden; man weiß nicht, ob deshalb, weil Hadrian sich für einen neuen Theseus hielt, oder aber, weil man auf dem mit Denkmälern überfüllten heiligen Hügel keinen entsprechenden Platz fand.

Julian Apostata war der letzte Kaiser, der den Göttern von Hellas den Olymp und Griechenland seinen früheren Ruhm wiedergeben wollte. In einem Brief an Senat und Volk

5 Es ist bekannt, daß sich Antonius, dieser unvergleichliche Bonvivant, im Jahre 39 in Athen aufhielt und daß damals mit großem Pomp (vielleicht auf der Akropolis) seine Vermählung mit Athene stattfand. Bei dieser Gelegenheit entlockte der römische General den Athenern eine »Mitgift« in Höhe von vier Millionen Sesterzen. Reiner Zynismus oder politisches Spiel? Eher das zweite, denn außerdem setzte sich Antonius (was seinem Charakter mehr entsprach) auch mit Dionysos gleich und »ernannte« Kleopatra zur Aphrodite. Diese mythologischen Kombinationen waren nötig zur Begründung und Belebung der Idee Alexanders des Großen, der Vereinigung Europas mit Asien.

Athens schreibt der Kaiser: »Wieviel Tränenströme habe ich vergossen, wieviel Seufzer ausgestoßen, während ich meine Hände der Akropolis entgegenstreckte und Minerva bat, sie möge ihren Diener beschützen und nicht verlassen.«
Die Legende besagt, er habe Gesandte nach dem von den Herulern geplünderten Delphi geschickt, um den Rat des Orakels, den Segen für seine Pläne zu erlangen. Die Antwort lautete: »Sage dem Kaiser: In Ruinen liegt der Tempel, einst ein frohes Bauwerk; der Gott ist ohne Obdach; verstummt sind Quellen und Lorbeerhaine; selbst das Wasser hat aufgehört zu reden.«
Vergessen ist der Name des Dexippos. Damals gab es keinen Plutarch, der sein Lebensbild geschrieben, keinen bedeutenden Bildhauer, der uns sein Porträt überliefert hätte. Und doch verdient dieser athenische Orator und Schriftsteller, daß die Philhellenen seiner gedenken. Als Mitte des dritten Jahrhunderts die Goten Attika eroberten und sich innerhalb der Mauern Athens festsetzten, organisiert Dexippos in den Schluchten des Pentelikon und des Parnaß eine improvisierte Bürgerarmee, die die Goten verjagt. Pragmatisch gesehen, war dieser Sieg der Griechen ohne Bedeutung. Im Louvre befindet sich eine Inschrift zu Dexippos' Ehren. Wir erfahren aus ihr, daß er Archont und Mitglied des Ehrenkomitees der großen Panathenäen war, was vom (mindestens nominellen) Fortleben der traditionellen athenischen Institutionen zeugt.
Gegen Ende des vierten Jahrhunderts kommt Athen unter die Herrschaft von Byzanz. In Konstantinopel entsteht im Jahre 425 die vom Staat kontrollierte und dotierte »Universität«. Die freien Schulen der athenischen Philosophen haben nun eine ernsthafte Konkurrenz. Jahrhundertelang hatte Athen im Wettbewerb mit anderen antiken Zivilisationszentren standgehalten, aber die neuplatonische Lehre, die sich im vierten und fünften Jahrhundert so üppig entfaltete, wurde als der Staatsreligion, dem Christentum, feindlich be-

urteilt, ein Grund mehr für die Vertreibung der Philosophen und Rhetoren aus Athen durch das Edikt Justinians im Jahre 529. Dieser Verwaltungsakt wirkte nachhaltiger als jede verlorene Schlacht. Athen wurde zu einer kleinen Garnisonstadt des Oströmischen Kaiserreiches.

Um die Wende vom sechsten zum siebten Jahrhundert wurde der Parthenon in eine Kirche der Göttlichen Weisheit umgestaltet. Eigentlich war es nur eine Adaptierung des in unverändertem Zustand fortbestehenden griechischen Tempels. Zwischen den Säulen des Peristyls entstand eine Mauer. Auf der Westseite schuf man einen Eingang, der alte wurde zugemauert, eine Apsis mit Fresken angebaut. Unter der flachen Decke fügte man ein byzantinisches Kuppelgewölbe ein. Die Wände wurden mit Fresken bedeckt, der Bischofsthron aus dem Dionysos-Theater »entliehen«. Alle diese Arbeiten veränderten jedoch die Konstruktion des Parthenon nicht. Sein äußeres Gesicht blieb unberührt. Auf ähnliche Weise verwandelte man das Erechtheion in eine Kirche der Mutter Gottes.

Die Herrscher von Byzanz besuchten die frühere Hauptstadt Griechenlands selten. Größtes Aufsehen erregte der Besuch Basileios' II. zu Anfang des elften Jahrhunderts; er hatte die Akropolis gewählt, um hier seinen Sieg über die Bulgaren zu feiern – eine Verneigung vor der seit langem toten Tradition.

Eine Vorstellung vom geistigen Zustand Athens gegen Ende des zwölften Jahrhunderts geben die erhaltenen Homilien des Michael Akominatos, der dreißig Jahre lang Erzbischof von Athen war. Er residierte auf der Akropolis und zelebrierte die Messe im Parthenon – man könnte also sagen, er habe den Gipfel der Träume aller Humanisten erreicht. In seinen blumigen Predigten mischte dieser Gelehrte, Christ und Verehrer des Altertums die Mythologie mit der Heiligen Schrift und begeisterte seine Schäfchen damit, sie seien der »goldene Samen«, sie seien wegen ihres Glaubens Ajax, Diogenes, Perikles und Themistokles moralisch überlegen.

Die armen, analphabetischen Schäfchen (dazu noch eine ethnisch ziemlich komplizierte Mischung, die eine vom klassischen Griechisch weit entfernte Sprache redete) hörten zu und verstanden nichts. Der Erzbischof Michael konnte einen Ausruf der Enttäuschung nicht unterdrücken: »O Athen, Mutter der Weisheit, wie tief bist du in Unwissenheit versunken! Wenn ich meine so einfachen Predigten bar aller Künstlichkeit und Prätention halte, kommt es mir vor, als spräche ich Unverständliches, als benützte ich die Sprache der Perser oder Skythen.

Was leid' ich Weh! Was sage ich, was schreib' ich nur;
Athen bewohn' ich, sehe nirgend doch Athen,
Nur wüsten Staub und keine echte Seligkeit.
Wohin sind deine Heiligtümer, ärmste Stadt?
Vergangen ohne Spur ist aller Ruhm Athens,
Kein Zeichen blieb, kein noch so dunkles, als Beweis.«

Die Wellen der Kreuzzüge schwächten das Byzantinische Reich, das ohnehin schon durch die ständigen Kämpfe mit Türken und Bulgaren erschöpft war. Griechenland fällt endgültig von Byzanz ab und wird in eine Reihe von Fürstentümern aufgeteilt. Athen kommt an Otton de La Roche, der den Titel Megas Kyr annimmt und vom König von Frankreich auch einen Fürstentitel erwirbt. So entsteht eine fränkische Dynastie, die drei Generationen lang über Attika herrscht, bis der letzte attische de La Roche 1308 ohne Nachkommen stirbt. Während dieser Zeit wird die Akropolis in eine mittelalterliche Burg verwandelt. Mauern mit Schießscharten umgeben sie, und am Südflügel der Propyläen erbaut man einen riesigen viereckigen Wachtturm, der bis zum letzten Viertel des 19. Jahrhunderts standhält.
Nahe der Stelle, wo Philipp von Mazedonien die Griechen niederwarf und Sulla den Sieg über das Expeditionskorps des Mithridates errang, werden die Franken von den Kata-

lanen geschlagen. Das waren Söldner, die der byzantinische Kaiser Andronikos Palaiologos zum Kampf gegen die Türken angeworben hatte. Bald jedoch fingen sie an, Eroberungen auf eigene Rechnung vorzunehmen. Die Niederlage der fränkischen Ritter war total. Athen und Theben fielen in die Hand der Katalanen, aber ihre Herrschaft dauerte nicht lange und hinterließ keine Spuren in der Architektur auf dem heiligen Hügel.

Dank den Florentinern aus der reichen Kaufmannsfamilie Acciaiuoli, den nächsten Herrschern des Fürstentums Athen, erlebte die Akropolis eines ihrer seltsamsten architektonischen Abenteuer. Einer der Acciaiuoli namens Nerio hatte den Ehrgeiz, Athen dürfe den Fürstenhöfen des italienischen Trecento nicht nachstehen. Die Hauptgebäude der Akropolis, der Parthenon und das Erechtheion, waren Kirchen. Blieben die Propyläen, die man in einen Palast italienischen Stils verwandelt hat. Der monumentale Eingang aus Perikles' Zeiten wurde zugemauert, in die Mauern schlug man Fenster und erhielt so vier große Säle für Empfänge. Dieser eigenartige italienisch-dorische Palazzo d'Accropoli wurde mit der Pinakothek verbunden, auf deren Flachdach man ein neues Stockwerk errichtete.

Im Jahre 1456, kurz nach dem Fall von Konstantinopel, nimmt Omar, der Statthalter Mohammeds II., Athen in Besitz. Für die Türken war das ein strategischer Punkt und mehr nicht[6].

Die neue Kriegstechnik, die entscheidende Rolle der Artillerie, die während der Eroberung von Byzanz Triumphe gefeiert hatte, erforderte gründliche Veränderungen in den Verteidigungsanlagen des heiligen Hügels. Die Befestigungen der mittelalterlichen Fürsten von Athen waren unzureichend. Die Propyläen wurden zu einem Teil der Wehrmauer, inner-

6 In der zweiten Hälfte des 18. Jahrhunderts, also gegen Ende der Türkenherrschaft, zählte die Bevölkerung Athens knapp dreitausend Türken und fünftausend Griechen.

halb der Festung entstanden militärische Gebäude, Munitionsmagazine. Den Parthenon verwandelte man in eine Moschee. Die einzige von außen sichtbare architektonische Zutat war ein auf das Dach des klassischen Gebäudes aufgesetztes Minarett. Im Erechtheion wurde der Harem des Burg-Agas untergebracht.

Das Pulvermagazin befand sich innerhalb der Propyläen, in einem eigens dafür erbauten Kuppelsaal. Die örtliche Überlieferung, von einem französischen Reisenden weitergegeben, besagt, der Aga der Akropolis habe 1656 während eines der mohammedanischen Feste beschlossen, die Kirche des hl. Demetrios zu beschießen. In der Nacht vor der Ausführung dieses schändlichen Planes sei ein Gewitter ausgebrochen, ein Blitz habe die Propyläen getroffen und eine Explosion verursacht, die Dach, Decke und Architrav zerstörte. Das Pulvermagazin sei darauf in den Parthenon verlegt worden, dessen solide Konstruktion, so meinte man, die Sicherheit gewährleisten würde.

Über zwei Jahrhunderte dauerte die türkische Herrschaft, durch keine Intervention von außen beeinträchtigt, abgesehen von einer kurzen und bedeutungslosen Expedition der Venezianer ein paar Jahre nach Umwandlung der Akropolis in eine türkische Festung. Der Ehrgeiz der Seerepublik lebte nach der schweren Niederlage der türkischen Elitetruppen 1683 bei Wien wieder auf. Diese weit entfernte Schlacht entschied über das Los des berühmtesten Bauwerks der Akropolis.

Schon im Frühjahr 1684 werden die Beziehungen zwischen Venedig und der Türkei abgebrochen. Im Sommer des folgenden Jahres landet die venezianische Armee unter Francesco Morosinis Führung auf dem Peloponnes, erringt eine Reihe von Siegen und gewinnt schließlich die Herrschaft über die gesamte Halbinsel. Morosinis Truppen führen Offiziere verschiedener Nationalität an: Schweden, Deutsche und Franzosen. Bei den Kampfhandlungen zeichnet sich Graf

Otto Wilhelm von Königsmarck aus, der Sohn des berühmten Heerführers aus dem Dreißigjährigen Krieg. Seiner Frau dient als *dame de compagnie* Anna Åkerhjelm, deren Tagebücher und Briefe eine wertvolle Quelle für die Kenntnis dieses unseligen Feldzuges darstellen.

Die Unterwerfung des Peloponnes stellte die Venezianer nicht zufrieden, zumal die Türken eine defensive Taktik verfolgten. Es gehört zu den Konsequenzen des Krieges, daß Eroberungen ausgeweitet werden; so erwägt Morosinis Stab zwei Projekte: einen Angriff auf die Insel Euböa und die Eroberung Athens. Schließlich wird der zweite Plan angenommen. Die Türken bereiten sich auf die Belagerung vor und verstärken ihre Verteidigungsanlagen. Opfer dieser Operationen wird der Tempel der Athene-Nike, den die türkischen Ingenieure dem Erdboden gleichmachen, um Platz für eine Bastion zu gewinnen; auf dieser werden Geschützbatterien postiert. Das Material des Tempels wird zur Verstärkung der Befestigungen verwandt.

Die Venezianer bedienen sich eines hinterhältigen Manövers, das den Türken vortäuschen soll, Angriffsziel sei die Insel Euböa. Tatsächlich landet man in Piräus, und Morosinis Truppen nähern sich, ohne auf ernstlichen Widerstand zu stoßen, der Akropolis, dem zentralen Verteidigungspunkt. Artillerie und Infanterie der Venezianer schließen einen Ring um die Festung. Beide kämpfenden Parteien richten sich auf eine lange und ermüdende Belagerung ein.

Die Beschießung der Akropolis durch Mörser hat, um die zeitgenössische Terminologie zu gebrauchen, den Charakter eines Störfeuers. Am 26. September 1687 jedoch durchschlägt ein Geschoß, abgefeuert aus einem nahe dem Lysikrates-Denkmal stehenden Geschütz, das Dach des Parthenon und verursacht eine ungeheure Explosion. In die Luft fliegen mehr als zwanzig Säulen, Riesenstücke des Architravs, das Gewölbe, das Dach und die Mauern des Naos. Unter den Trümmern sterben der türkische Pascha, der Chef der Garnison und viele Soldaten. Drei Tage später weht über den kläglichen Trümmern die Fahne mit dem Löwen von St. Markus.

Der Sieg der Venezianer wurde durch Schuldgefühle getrübt. Graf Königsmarck war sicherlich kein gewissenloser General. Er hatte in seiner Jugend ein richtiges Studium absolviert und auf der Universität Leipzig in lateinischer Sprache einen Diskurs über das unglückliche Geschick Athens gehalten, das sich in den Händen der Barbaren befinde. Die Geschichte machte ihn zu dem Mann, der der bewunderten Stadt den empfindlichsten Stoß versetzte. Anna Åkerhjelm notiert, wie aufrichtig und tief der Graf bedauert, den schönen, dreitausend Jahre alten Minerva-Tempel (eine kleine chronologische Ungenauigkeit) zerstört zu haben, und sie drückt die Überzeugung aus, der Tempel werde nie wieder aufgebaut werden. Das klingt ziemlich nach Heuchelei. Die Vermutung liegt nahe, daß griechische Spione Königsmarck über den Verwendungszweck des Parthenon informiert hatten und daß das fatale Geschoß kein zufälliges war.

Aus dem Trümmerhaufen der Akropolis wünscht Morosini das Mittelstück des Parthenongiebels, das das Gespräch Athenes mit Poseidon darstellt, nach Venedig mitzunehmen. In einem Bericht an den Senat schreibt er: »Die Räumung Athens voraussehend, kam ich auf den Gedanken, einige der hübschesten Dekors mitzunehmen, die dem Ruhm der Republik Glanz verleihen könnten. Zu diesem Zwecke habe ich mich bemüht, von der Fassade des Minerva-Tempels, wo sich die schönsten Skulpturen befinden, das Standbild des Jupiter und das Relief zweier herrlicher Pferde abzutrennen. Doch kaum war mit dem Abnehmen dieser Skulpturen begonnen worden, stürzte alles aus riesiger Höhe in die Tiefe, und es ist ein Wunder, daß den Arbeitern kein Unglück widerfuhr[7].«

Die Eroberung Athens durch Morosini war auch strategisch

7 Hier und da begegnet man in den europäischen Museen soldatischen Mitbringseln aus jener Expedition. So befinden sich im Museum zu Kopenhagen die Köpfe eines Lapithen und eines Zentrauren, dorthin verschleppt durch den Hauptmann Hartmand.

ein Unsinn. Die Venezianer zogen sich aus der Stadt zurück und nahmen einen Teil der ansässigen christlichen Bevölkerung mit. In das verlassene Attika kehrten die Türken zurück und befestigten von neuem die Akropolis. Mitten in dem zerstörten Parthenon wie in einem Käfig mit ausgerissenen Stäben errichtete man eine kleine Moschee ohne Minarett.
Es fällt schwer, die Wechselfälle Athens oder auch nur der Akropolis im Laufe der Jahrhunderte zu verfolgen, weil das ikonographische Material so dürftig ist. Zeichnungen aus Mittelalter und Renaissance stellen Athen geradezu phantastisch dar, als flandrische Küstenstadt mit gotischen Kirchen oder als eine düstere nordische Burg. Auf den Seekarten hieß Athen Setine, und die Akropolis diente, vom Meere her gesehen, nur als Orientierungspunkt.
Reisen nach Griechenland und Beschreibungen der erhaltenen Altertümer wurden eigentlich erst im 17. Jahrhundert möglich, als zunächst von Frankreich, dann von England diplomatische Beziehungen mit der Hohen Pforte angeknüpft wurden. In Athen entstanden Missionen, die wir heute Konsulate nennen würden; sie hatten politischen und kommerziellen Charakter, und die Personen, die z. B. die französische Kolonie bildeten, konnte man an den Fingern beider Hände abzählen: der Konsul, ein paar Missionare, ein verirrter Büchsenmacher und noch einige Leute unbekannter Profession. Die Akropolis zu besichtigen war im Grunde unmöglich, da die Türken aus Furcht vor Spionen Fremde nicht in die Festung ließen.
Deshalb sind die Berichte hartnäckiger Reisender zu bewundern, denen es gelang, trotz der Bedrohung ihrer persönlichen Sicherheit Beschreibungen und Pläne von Athen und von der Akropolis anzufertigen. Stellen wir uns diese Enthusiasten vor: Sie ritten tagelang auf Eselsrücken, schliefen in abgelegenen Berghütten, bis sie schließlich die Stadt ihrer Träume erreichten. Hier kam es zu komplizierten Verhandlungen mit dem Festungskommandanten, die sie mit Kaffee-

säckchen und fetten Gänsen unterstützten. Am Ende bekamen sie eine Besichtigungserlaubnis, eingeengt von Vorbehalten und Beschränkungen. Sie tummelten sich also in Eile zwischen türkischen Zelten, militärischen Gebäuden und Tempeln, unter den wachsamen Augen mißtrauischer Soldaten, mit ihren Meßgeräten, dem Skizzenblock und dem unentbehrlichen Pausanias, dem einzigen Baedeker seit vielen Jahrhunderten. Alles hing von der Laune des Festungskommandanten und seiner Soldaten ab.

Zwei Mitglieder des Londoner Dilettanten-Clubs, der viele archäologische Reisen in den Orient finanzierte, die Gentlemen Stuart und Revett, konnten unbehindert die antiken Monumente Athens vermessen, doch der Engländer Vernhum und der Franzose Robert de Dreux wurden mit Steinen beworfen und mit Gewehren bedroht, als sie das Theater des Herodes Atticus vermessen wollten.

Amüsant beschreibt der englische Zeichner Edward Dodwell seine Abenteuer. Er arbeitete auf der Akropolis mit einer Camera obscura, dem Prototyp des Fotoapparates, der eine verkleinerte Abbildung der Gebäude lieferte und somit möglich machte, in der Zeichnung die Proportionen des wiedergegebenen Bauwerks genau zu wahren. »Eines Tages, als ich mit Hilfe meiner Camera obscura den Parthenon zeichnete, fragte mich der Garnisonskommandeur mit spürbarer Unruhe, was ich denn für Zaubereien mit meiner ungewöhnlichen Maschine mache.« Dodwell versuchte, ihm die Wirkungsweise seines Apparats zu erklären und zu demonstrieren. Der türkische Offizier war sichtbar erschreckt. »Als ich das sah [...], wechselte ich den Ton und drohte, ich würde ihn, wenn er mich störte oder belästigte, in meinen schwarzen Kasten stecken [...].« Von da an arbeitete Dodwell ohne Behinderungen.

Unter den Reisenden, die uns wertvolle Berichte über die Akropolis überliefert haben, und zwar aus der Zeit, ehe Morosinis Bomben dort niederfielen, seien der französische Jesuit Babin und der Londoner Arzt und Altertums-Liebhaber James Spon genannt. Besonders genau beschreibt den Parthenon Babin, was für uns deshalb von außerordentlichem Wert ist, weil Pausanias (bekanntlich ein Liebhaber von Kuriositäten) in seinem Werk über den schönsten Tempel der Akropolis schweigt. Für den französischen Jesuiten ist er eine Verkörperung der Vollkommenheit, übertrifft ästhetisch die Hagia Sophia in Konstantinopel, und die Skulpturen an Fries und Giebeln lassen sich mit keinem Kunstwerk des 17. Jahrhunderts vergleichen. Für die Zeit des Hochbarock ist Babins Urteil außergewöhnlich und im Hinblick auf den Geschmack seiner Epoche fast provozierend.

Der dreibändige Rechenschaftsbericht über die griechischen Wanderungen James Spons erschien in Lyon 1678. Kenner behaupten, es sei die »erste moderne Reise nach Athen, die diesen Namen verdient«. Es ist heute leicht, diesem gebildeten Reisenden Fehler und Ungenauigkeiten vorzuhalten, so die Verwechslung der beiden Giebel des Parthenon, oder, was noch schlimmer war, daß sie den Bildhauern der Epoche Hadrians zugeschrieben werden. Griechenland war ein von Architekten unberührtes Land. Spons Buch wurde in Europa bald sehr populär und hatte auch in Königsmarcks Koffer, was Anna Åkerhjelm erwähnt, nicht gefehlt.

In der Nationalbibliothek in Paris hat sich eine Mappe mit Zeichnungen erhalten. Ein Konservator der napoleonischen Zeit hat ihr einen recht seltsamen Titel gegeben: *Minerva-Tempel in Athen, erbaut von Hadrian, gezeichnet auf Befehl des Herrn Nointel, Botschafter bei der Hohen Pforte, ehe dieser Tempel von den Venezianern zerstört wurde.* Der Marquis Nointel war zweifellos einer der begabtesten und tüchtigsten Diplomaten Ludwigs XIV. Nachdem er in der türkischen Hauptstadt einige komplizierte Verträge abgeschlossen hatte, begab er sich in Begleitung einer zahlreichen Suite nach Griechenland und Athen, wo er im Sommer des Jahres 1674 eintraf.

»Zum ersten Mal betrat ich feierlich unter dem Dröhnen der Kanonen das Schatzhaus« (d. h. den Parthenon), »wo jene Wunder verschlossen sind, und kehrte dort incognito vier oder fünf Mal zurück, um die schönen Skulpturen, die mein Maler sehr gut wiedergegeben hat, besser bewundern und kennenlernen zu können.«

Die Parthenon-Zeichnungen – ihr Autor heißt Jacques Carrey – sind kein Meisterwerk, was sein Gutes hat, denn ein Künstler mit Phantasie wäre nicht so genau. Zweifellos wurden sie in Eile angefertigt in einer unbequemen Stellung, ohne hilfreiche Gerüste, doch ihr dokumentarischer Wert ist unschätzbar.

Nointel war sicherlich ein aufrichtiger Verehrer der antiken Kunstwerke, und die Sorge um ihr Schicksal, aber auch weniger uneigennützige Beweggründe werden in den Berichten des Botschafters deutlich. »Die Originale verdienten es in höchstem Maße, in den Kabinetten oder Galerien Euerer Königlichen Majestät aufgestellt zu werden, wo sie sich des Schutzes erfreuen würden, den Euere Majestät der Kunst und dem Wissen, das diese Kunst schafft, angedeihen läßt [...]; sie würden der Entehrung und Beleidigung durch die Türken entgehen, die es sich, um die Idolatrie zu verhindern, zugute halten, den Skulpturen die Nasen oder andere Teile abzuschlagen [...].«

Die während Nointels Reise angefertigten Zeichnungen beweisen, daß eine Anzahl von Skulpturen des Parthenon-Giebels tatsächlich beschädigt war, doch der bildhauerische Hauptkorpus, wenn man so sagen darf, war vollständig erhalten.

Ein Jahrhundert später wurde der Graf Choiseul-Gouffier französischer Botschafter in Konstantinopel. Als Vierundzwanzigjähriger hatte er eine Reise nach Griechenland unternommen, die er in seinem bekannten Buch *Voyage pittoresque de la Grèce* beschrieb. Der gebildete Humanist, Mitglied der Académie des Inscriptions, später der Académie

Française, träumte gewiß wie Nointel davon, für Frankreich eine Sammlung griechischer Skulpturen zu gewinnen. In Athen wirkte sein Agent Louis Fauvel als Konsul, Maler und Zeichner. In einem seiner Briefe empfiehlt der Botschafter Fauvel die Beschaffung einer der Karyatiden des Erechtheions, in einem anderen schreibt er ganz offen, Fauvel möge sich keine Gelegenheit entgehen lassen zu rauben, was zu rauben sei. Die Beute dieser Bemühungen war sehr mager: wahrscheinlich eine Metope vom Giebel, die der Sturm herabgerissen hatte und die sich jetzt im Louvre befindet.

Was den Franzosen nicht gelang, erreichte ein Mann, dessen Name bis heute den Zorn der Philhellenen erregt: Thomas Bruce Elgin. Byron sagt von ihm mit beißender Ironie: »Quod Gothi non fecerunt, Scotus fecit.« Im Jahre 1789 zum englischen Vertreter bei der Hohen Pforte ernannt, machte Lord Elgin sich mit unerhörter Energie daran, die Skulpturen der Akropolis »an einen sicheren Ort« zu schaffen, wobei er alle ihm zugänglichen politischen und finanziellen Mittel in Bewegung setzte. Es gelang ihm, von den türkischen Behörden die Genehmigung zu erhalten, Gipsabgüsse herzustellen sowie Steine mit Inschriften und Bruchstücke von Skulpturen fortzuschaffen. Rund um den Parthenon wurden Gerüste errichtet. Zwei italienische Architekten, zwei Spezialisten für Gipsabgüsse (ebenfalls Italiener), der russische Maler Fjodor Iwanowitsch, nicht gerade höflich »Lord Elgins Kalmück« genannt, und Dutzende von Arbeitern gingen unter Leitung des Malers Lusieri an die Arbeit. Ihr intensivster Abschnitt fällt in die Jahre 1801 bis 1803. Die »paar Skulpturen«, von denen die türkische Genehmigung spricht, kann man heute im Londoner British Museum bewundern. Es ist in Wirklichkeit eine riesige Sammlung, bestehend aus zwölf großen Giebelfragmenten, fünfzehn Metopen und 56 Reliefs vom Fries, der die Panathenäen-Prozession darstellt.

Elgins Abenteuer könnten als Vorwurf für einen spannenden Roman dienen: Verhaftung des Lords in Frankreich,

Flucht Lusieris nach Ausbruch des Türkenkrieges, Untergang der Jacht mit der unschätzbaren Ladung und Bergung der Skulpturen durch Schwammtaucher, schließlich jahrelange Polemiken und Diskussionen im Parlament und in der Presse, die die moralischen, ästhetischen und finanziellen Aspekte der ganzen Angelegenheit behandelten. Schließlich, wenn auch erst im Jahre 1816, kaufte die englische Regierung die Sammlung, für die Elgin 136 000 Pfund gefordert hatte, zum Preise von 35 000 Pfund Sterling. Für jene Zeit eine Riesensumme, und ein Teil der englischen Presse ließ denn auch seinem Ärger freien Lauf, indem er auf satirischen Zeichnungen John Bull inmitten einer verelendeten Familie darstellte, die rief: »Kauf diese Steine nicht, Vati, gib uns Brot.«

Wie oben erwähnt, berücksichtigte man auch den ästhetischen Wert der Skulpturen des Phidias und seiner Schule. Vermutlich wäre die englische Regierung weniger geizig gewesen, wenn die von Lord Elgin herangeschafften Marmorstatuen aus hellenistischer Zeit gestammt hätten. Es fehlte nicht an enthusiastischen Stimmen, doch eine Kommission, bestehend aus den hervorragendsten englischen Künstlern jener Zeit, wertete die Werke des Phidias und seiner Schule geringer als den Apollo von Belvedere oder die Laokoon-Gruppe.

Um die Wende vom 18. zum 19. Jahrhundert taucht in Griechenland ein neuer Touristentyp auf: der romantische Pilger. Viele Zeichnungen zeigen einen hochgesinnten Jüngling in schwarzer Pelerine, der, gestützt auf eine zerbrochene Säule, seinen melancholischen Blick auf die verstreute Schafherde inmitten der marmornen Ruinen richtet. »O Solon! O Themistokles! Das Oberhaupt der schwarzen Verschnittenen ist Eigentümer von Athen, und alle anderen Städte Griechenlands beneiden die Athener um dieses hohe Glück!« Dieser Ausruf stammt von François-René de Chateaubriand. Der Verfasser des *Génie du Christianisme* hielt sich auf seiner Reise von Paris nach Jerusalem (1806) einen Tag in Sparta und vier Tage in Athen auf. Ohne sich als Archäologe, Soziologe oder Kunsthistoriker zu gerieren, hat er uns in seinem *Itinéraire de Paris à Jérusalem* Seiten hinterlassen, die in unvergleichlicher Weise das Athen der Zeit ungefähr zwanzig Jahre vor Ende der türkischen Sklaverei beschwören. Es ist früh am Morgen. »[...] Athen, die Akropolis und die Trümmer des Parthenon waren mit dem schönsten Pfirsichblütenrot gefärbt, und die Bildwerke des Phidias, waagerecht von einem goldenen Lichtstrahl beleuchtet, wurden belebt und schienen sich durch die Schattenwirkung der Reliefs auf dem Marmor zu regen. Das Meer und der Piräus glänzten fern in weißem Licht, und die Burg von Korinth glühte im Widerschein der aufgehenden Sonne am Rande des Abendhimmels wie ein Fels in Purpur und Flammen.«

Chateaubriand fing aber nicht nur Stimmungen ein. In Begleitung des Konsuls Fauvel, des unvergleichlichen Kenners athenischer Altertümer, war er hergekommen, um hier eine »klare Vorstellung von den Bauten, dem Himmel, der Sonne, den Perspektiven, der Erde, vom Meer, von den Flüssen, den Wäldern und Bergen Attikas« zu gewinnen. Es freut ihn, daß es ihm gelungen ist, seine Vorstellung zu korrigieren, sie mit Farbe und Lokalkolorit zu füllen.

Vor allem überrascht ihn die Kraft und Harmonie des Parthenon. Er bewunderte Iktinos, der in seinem Bauwerk dorischen Ernst mit korinthischer Leichtigkeit zu einigen wußte, indem er die schweren Säulen ohne Basis auf die drei hohen Stufen des Stylobats stellte, was dem Tempel Ruhe und Schwung verlieh. Mit Recht sagte er, die Harmonie des Ganzen sei ein Ergebnis des Gespürs für das richtige Verhältnis von Architektur und Umgebung und ebenso der Vollkommenheit der Einzelteile.

Chateaubriands Berichte, seine Präzision, sein Interesse für technische Einzelheiten, seine Genauigkeit und der literarische Glanz seiner Beschreibungen stellen ihn in die erste Reihe der Griechenlandreisenden aus der »vorarchäologischen Epoche.« Es gelang ihm nicht, Fehler zu vermeiden (wie leicht sind sie heute nachzuweisen), z. B. schreibt er unter dem Eindruck der Berichte Spons die Skulpturen des Parthenon-Giebels Künstlern aus der Zeit Hadrians zu. Doch von der richtigen Intuition geleitet, sagt er gleichzeitig, unmöglich könne Phidias die Giebel leer gelassen haben.

Das Mitgefühl mit dem in Ketten geschlagenen Heimatland Europas, das von so vielen Romantikern geäußert wird, bewegt Chateaubriands Feder zu Beschreibungen wie der folgenden: »Dieser Disdar wohnt auf der Burg unter den Meisterwerken von Phidias und Iktinos, ohne zu fragen, welches Volk diese Trümmer zurückgelassen habe, ohne aus dem verfallenen Hause zu treten, das unter den Trümmern der Denkmäler des Perikles erbaut worden war. Nur zuweilen schleppt sich der tyrannische Automat an die Türe seiner Hütte und sitzt da mit gekreuzten Beinen auf einem schmutzigen Teppich und blickt, während der Dampf seiner Pfeife zwischen den Säulen des Minerva-Tempels emporsteigt, mit dumpfer Gleichgültigkeit auf die Küste von Salamis und das Meer von Epidaurus.«

Im Frühjahr 1821 bricht der griechische Aufstand gegen die Türken aus. Man glaube ja nicht, im Geiste derer, die zur Waffe griffen, sei die Idee vom ewigen Hellas, vom Vaterland der Philosophen und der Künstler Quelle der Begeisterung und Motor des Handelns gewesen.

Einer der Philhellenen konstatiert melancholisch, in keiner Epoche seiner Geschichte sei das griechische Volk gegen die geretteten Überreste antiker Bauwerke gleichgültiger gewesen als in dem Vierteljahrhundert vor der Befreiung. Nicht im Namen des Perikles kämpften die griechischen Aufständischen, sondern im Namen des Nazareners und der vier Evangelisten. Im Laufe vieler Jahrhunderte hatte die Ostkirche das Gefühl der nationalen Besonderheit konserviert, wie das Salz den Fisch konserviert.

Athen war durchaus kein strategisch wichtiger Punkt. Es war eine Kleinstadt und zählte kaum einige tausend Bewohner.

Im Verlauf der Kämpfe wechselten die Stadt und die Zitadelle Akropolis mehrfach den Besitzer. Doch war das mehr ein Ringen um das Symbol, um die Fahne. Das Schicksal dieses Krieges entschied sich auf anderen Schlachtfeldern.

Zunächst beschränken sich die Türken in Athen darauf, Geiseln festzunehmen (Ostern 1821) und sie in den fränkischen Turm zu sperren. Die Janitscharen-Garde schloß die Stadttore, um ein Eindringen der Auffständischen unmöglich zu machen, doch gelang es diesen, sich der Stadt zu bemächtigen. Ein Segen für die Akropolis als Baudenkmal war die schlechte technische Ausrüstung der kämpfenden Parteien, besonders der chronische Mangel an Artillerie auf seiten der Aufständischen. Die Belagerten improvisieren einen Ausfall aus der Festung. Eine Abteilung Türken unter Führung eines riesigen Negers, der direkt aus einem orientalischen Märchen zu stammen schien, griff unerwartet unter furchtbarem Geschrei die Schanzen der Aufständischen an. Die Abteilung wurde jedoch dezimiert, und die Türken exekutierten die Geiseln zur Vergeltung auf der Stelle. Die Hinrichtung fand auf der Mauer des Themistokles statt. Die abgeschlagenen Köpfe rollten den Hügel hinab bis vor die Schwellen der ersten Häuser[8].

Den Abgeschnittenen in der Festung eilte der Pascha Brioni an der Spitze von viertausend Albanern zur Hilfe. Wie in klassischer Zeit verließ die Bevölkerung die Stadt und brachte sich auf Salamis in Sicherheit. Als Brioni sich zurückzog, kehrten die Athener wieder, und die Blockade der Festung

8 Die Geschichte der Kämpfe während des Aufstandes enthält der zeitgenössische Bildband des Makryannis, aufbewahrt im Museum der Hauptstadt mit aller Verehrung, die nationalen Andenken gebührt. Er ist ein griechisches Gegenstück zu den *Images d'Epinal*: naive, erzählende, melodramatische Malerei, die beim heutigen Betrachter ein sanftes Lächeln hervorruft. Die europäischen romantischen Maler, vor allem die Franzosen, nahmen das Thema des Aufstandes mit unvergleichlichem theatralischem Schwung, mit Grandeloquenz, mit Sinn für Dramatisches und Grausames auf; sie ließen ihren Empfindungen in heißen Ocker- und Kobalttönen freien Lauf.

begann von neuem. Doch war das nur eben der Anfang des mörderischen Kontertanzes rund um den heiligen Hügel.
Nach fast einjähriger Belagerung kapitulierten die Türken, deren Munitions- und Wasservorräte erschöpft waren. Begeisterung, Chaos, wechselseitiges Morden unter der christlichen und der mohammedanischen Bevölkerung. Zum Festungskommandanten wurde Odysseus Androutsos ernannt, eine von den Historikern widersprüchlich beurteilte Gestalt: Manchen ist er ein Nationalheld, ein Opfer mangelnden Verständnisses von seiten der Führer des Aufstandes, anderen ein Unruhestifter und Verräter. Die Archäologen können ihm die Zerstörung des Löwen von Chäronäa nicht verzeihen, unter dem dieser Odysseus einen legendären Schatz zu finden gehofft hatte.
Der neue Kommandant machte sich mit Energie an die Vorbereitungen zur Verteidigung. Nahe der Pinakothek entdeckte er einen antiken Springbrunnen, der mit einer Bastion umgeben wurde. Nach dem Muster der früheren großen Bauherren zögerte der Kommandant nicht, eine Inschrift anbringen zu lassen, die verkündet: »Diese Bastion wurde vom Fundament her errichtet durch General Odysseus, Sohn des Androutsos, im Monat September des Jahres 1822.«
Von der Bastion ist keine Spur übriggeblieben, und ihrem Erbauer war ein tragisches Los beschieden. Mit den Führern des Aufstandes verzankt, stellte er sich an die Spitze einer türkischen Bande, die Attika plünderte. Nach seiner Gefangennahme wurde er in ein Verlies des fränkischen Turms gesperrt und später getötet. Seinen Körper, mit einer Schnur umwickelt, warf man später aus dem Fenster, um einen Fluchtversuch vorzutäuschen[9].

9 Im Athener Museum für Geschichte und Ethnographie befinden sich hölzerne Brustbilder berühmter Männer der Antike, die als Galionsfiguren aufständischer Schiffe gedient haben. Ein Themistokles oder Solon mit riesiger Nase und bedrohlichem Schnurrbart hat wenig gemein mit dem klassischen griechischen Porträt. Sie sehen wilden kretischen Hirten und Seeräubern zum Verwechseln ähnlich.

Im Sommer des für den Aufstand schwarzen Jahres 1826, in dem Jahr des Blutbades von Missolunghi, belagerten die Türken unter Reschid Pascha wieder die Akropolis. Vom Museumshügel aus beschossen Batterien die Westfassade des Parthenons. Musketiere löcherten die Mauer der Pinakothek und der Propyläen. Von einem Geschoß getroffen, stürzte die Kuppel des einstigen Harems im Erechtheion ein und riß viele antike Überreste mit.

Es hatte den Anschein, als würde der Akropolis diesesmal der Todesstoß versetzt, als sollte sich die Geschichte Morosinis wiederholen. Da Reschid Pascha die Festung nicht im Sturm nehmen konnte, ließ er seine Sappeure unter dem Hügel einen langen Stollen vortreiben, der als eine große Mine verwendet werden sollte. In den Stollen schafften die Türken dreieinhalb Tonnen Pulver, eine Menge, die ausgereicht hätte, mindestens die Hälfte der Zitadelle in die Luft zu sprengen. Der Pascha war seines Erfolges sicher, er zog die Belagerer aus der ersten Linie zurück. Aber die umsichtigen Griechen gruben zwölf tiefe, unterirdische Stollen, die die ganze Kraft der Explosion zunichte machten. Der Berg hatte die sprichwörtliche Maus geboren.

Nun erscheint auf dem Athener Kriegstheater der Oberst Charles Fabvrier. Dieser aus Lothringen stammende französische Berufsoffizier hat sich mit einem Turban auf dem Kopf, in einer Lammfelljacke und mit einem großen Krummschwert an der Seite porträtieren lassen. Neben romantischem Enthusiasmus brachte Fabvrier etwas Unbezahlbares mit: gute Kenntnis des Kriegshandwerks und rationales Herangehen an die Kampfaufgaben. Er organisierte reguläre aufständische Einheiten und brachte in die anachronistische und laienhafte Führung die Idee von Ordnung und Disziplin.

Im Winter 1827 trat er an die Spitze eines kleinen Korps, dessen Aufgabe es war, den Belagerten in der Athener Festung Hilfe zu bringen. Es war ein eigentümliches Unternehmen, denn es sollte weniger die Garnison der Verteidiger ver-

stärken, als vielmehr Kriegsmaterial hineinschaffen. Die von Fabvrier geführte Abteilung war fast unbewaffnet, dafür aber bis zur Grenze menschlicher Tragfähigkeit belastet mit Säcken voll Pulver und Patronen. Es lohnt, den trockenen Bericht des Führers zu wiederholen: »Mit den Philhellenen an der Spitze gelangten wir bis auf halbe Pfeilschußweite an die türkischen Schanzen heran; sie waren tief gestaffelt und gut bewacht. Eine Stunde vor Mitternacht; Vollmond. Als man uns bemerkte, rückten wir im Schritt vor wie zum Angriff, doch mit ungeladenen Waffen. Wir liefen durch die Schanzen und über den Zwischenraum, der sie von der Festung trennte, unter ziemlich starkem Kartätschen- und Gewehrfeuer. Wir hatten vier Tote und zwölf Verwundete.«
Fabvriers kühne Expedition verlängerte die Verteidigung der Akropolis bis zum Juni 1827. Vom militärischen Standpunkt aus war es eine Episode minderen Ranges, doch die Ausdauer der Verteidiger hatte große moralische und politische Bedeutung. In dem Augenblick, da die Griechen die Festung verließen, stand das Geschick ihres Vaterlandes bereits fest. Der 1829 in Adrianopel geschlossene Friede gab Griechenland die Unabhängigkeit wieder. Athen zählte damals dreihundert Häuser und zweitausend Einwohner. Einer der ersten Regierungsakte König Ottos war die Entmilitarisierung des heiligen Hügels. Die von den Soldaten verlassenen Plätze nahmen Archäologen und Architekten ein.

In einer Herbstnummer der *Revue des Deux Mondes* aus dem Jahr 1838 konnte man einen Brief lesen, der den Zustand der Baudenkmäler gut wiedergab: »Auch Sie, lieber Freund, haben die Akropolis gesehen und bewundert; doch um gegenwärtig dorthin zu gelangen, muß man den ganzen Befestigungsring durchqueren, eine Bastion und dann eine und noch eine Batterie umgehen. Wenn Sie zu Füßen der Propyläen angelangt sind, suchen Sie die Propyläen vergeblich. Vor sich haben Sie das Pulvermagazin, von dicken Mauern umgeben, in denen Sie nur mühsam die gefangenen Säulen entdecken. Gehen Sie auf dem Weg durch den schmalen Durchgang nach rechts weiter, so suchen Sie vergeblich nach dem Tempel der Siegesgöttin ohne Flügel. Aber das war doch hier, sagen Sie sich mit Pausanias' Buch in der Hand, gerade hier, an dieser Stelle der Akropolis, von der aus man das Meer sieht und von der sich einst Ägeus, den Blick auf die Schiffe geheftet, die seinen Sohn Theseus, den Besieger des Minotaurus, heimbringen sollten, hinabstürzte, getäuscht durch die schwarzen Segel, die er am Horizont gewahrte. Hier gerade, an dieser Stelle, müßte der Tempel der Nike ohne Flügel stehen. Doch die Geschütze der Venezianer haben 1687 das Bauwerk zerstört, und Türkenhände haben das Material verschleppt, haben den Marmor weggeschafft und die Stelle selbst unkenntlich gemacht. Wenn Sie dann endlich, immer noch die Propyläen suchend, auf der Akropolis angelangt sind, wollen Sie wenigstens die Pinakothek entdecken, die den linken Flügel dieses herrlichen Eingangs bildete. Gegenwärtig finden Sie in dem Gedränge türkischer Häuser nur einen Saal, der bis zu drei Vierteln seiner Höhe mit Trümmern gefüllt ist. In diesem Saal hat der Architekt Stuart sich bemüht, den Siegestempel zu rekonstruieren, weil er ihn nirgendwo anders finden konnte.«

In den ersten Jahren der Monarchie überdachte man das Problem des Ortes für den neuen Königssitz. Der deutsche klassizistische Architekt Karl Friedrich Schinkel schlug die Akropolis vor. Das Modell dieses zum Glück nicht verwirklichten Traumes versetzt uns noch heute in Besorgnis und Entsetzen. Der Parthenon versank in einer Flut von Säulenhallen und schweren Rotunden. Dazu sollten noch hängende Gärten, Rosarien, Gruppen von Zypressen und Palmen diese falsche Architektur schmücken. Über der steinernen Dekoration (wie in einer schlechten Oper) sollte sich ein Athene-Denkmal erheben, das mit Phidias' Geist kaum etwas gemein hätte.

Wenige Touristen, die heutzutage die Akropolis besuchen, sind sich darüber im klaren, daß das, was sie sehen, ein Werk mühevoller, über hundert Jahre andauernder Rekonstruktion ist. Das Wort Rekonstruktion ist irreführend. Zur Bezeichnung dieser Arbeiten verwendet man einen Neologismus: Anastylos. Er bezeichnet die Wiederaufrichtung einer Säule und im weiteren Wortsinn alle Arbeiten, die mit der Anordnung in der ursprünglichen Weise, der Sicherung authentischer Architektur-Fragmente, entsprechend den genauen archäologischen Grundsätzen, verbunden sind.

Gegen Ende der dreißiger Jahre des vorigen Jahrhunderts wurde als erster der Anastylos des von den Türken zerstörten Athene-Nike-Tempels vorgenommen. Während dieser Arbeiten beging man jedoch zwei große Fehler: Man sicherte die Bastion nicht, auf der sich der Tempel erhob, man achtete auch nicht auf die antiken Fundamente. Hundert Jahre später mußte man das Bauwerk Stein für Stein abtragen und neu errichten.

Der dem Anschein nach einfache Grundsatz des Anastylos bringt in der Praxis einige nicht leicht zu lösende Probleme mit sich. Der griechische Architekt Balanos, der die Arbeiten auf der Akropolis in unserem Jahrhundert leitete, beschreibt die Schwierigkeiten mit einem einzigen Fragment des Erechtheions folgendermaßen:

»Gregorios Soutzos Lithographie zeigt uns die 1827 fast völlig zerstörte Fassade mit den Karyatiden. Der Ephor Pittakis fand in der Stadt einen Karyatidenkopf, der dem bayerischen Bildhauer Imhoff zu konservierender Behandlung übergeben wurde. Ein neben der Ostwand des Tempels liegendes Bruchstück vom Oberkörper dieser Karyatide (man glaubte bisher, es befinde sich im Vatikanischen Museum) wurde von dem griechischen Bildhauer Androuli während der Arbeiten Paccards im Jahre 1844 gefunden und erneuert. Die durch neue Marmorblöcke ergänzte Decke wurde mit hölzernen Säulen abgestützt, die man 1872 durch eiserne ersetzte. Eine dieser Eisenstützen führte durch den Terrakotta-Kopf einer Karyatidenkopie (das Original hatte Elgin nach

London geschafft) und trug einen Teil der Decke. Doch die Köpfe der Karyatiden, selbst der 1844 erneuerte, befanden sich in sehr schlechtem Zustand, weil die ungeschickt eingefügten Eisenstützen nachgaben; außerdem mußte man die Terrakotta-Karyatide gegen eine Zement-Karyatide auswechseln. Die Untermauerung des Portikus mußte ebenfalls ausgetauscht werden. Aus diesen zahlreichen Gründen beschloß man, die ganze Fassade völlig auseinanderzunehmen und neu zusammenzufügen.«

Der Wiederaufbau der griechischen Tempel erlaubte einen Einblick in die Geheimnisse der antiken Architektur. Die erste genaue Vermessung des Parthenon führte 1845 der englische Gelehrte F. C. Penrose durch. Er erfaßte die subtilen optischen Korrekturen wie z. B. die leichte Abweichung des Stylobats von der Horizontalen; sie beträgt 228 Millimeter, ein Tausendstel der Breite des Haupttempels auf der Akropolis. Was jahrhundertelang als Werk kühler Geometrie galt, erwies sich in Wirklichkeit als kompliziertes Spiel gekrümmter Linien.

Der von Balanos geleitete Anastylos des Parthenon brachte die Entdeckung mit sich, daß die einzelnen Säulen und ihre jeweiligen Trommeln schon im Altertum mit Buchstaben bezeichnet worden waren. Fehlende Säulenteile ersetzte man durch Zementabgüsse, da neuer Marmor nicht die berühmte goldene Patina des Parthenon gehabt hätte. Die Arbeiten erforderten eine große, man möchte sagen uhrwerkmäßige Präzision. Die zur Stützung der Konstruktion nötigen neuen Blöcke des Architravs schob man genau an die Stelle fehlender Stücke, nachdem man sie zuvor zur Verminderung der Reibung eingeölt hatte. Mit bewunderungswürdigem Takt enthielt man sich einer vollständigen Rekonstruktion, die den Parthenon in eine traurige Zitadelle des akademischen Klassizismus verwandelt hätte.

Der Weg war lang und verwickelt, die Chance, zum Ziel zu

gelangen, gering. Ich mußte Hindernisse überwinden, Behördenmauern, geschlossene Türen, Korridore und eine Menge kleiner Zerberusse hinter Schreibtischen, Beamte, die zögerten, ihren magischen Stempel aufzudrücken, die mit ihren Fingern den Faden meines Abenteuers verwirrten.

Man kann sich mit den Berichten anderer, mit den Zeugnissen der Sachkenner begnügen, man kann sich damit abfinden, daß der Gegenstand unserer Sehnsucht für immer außerhalb der Reichweite unseres Blicks und unseres Tastsinns bleibt. Warum also dieser übermächtige Wille zur Gegenüberstellung, diese Leidenschaft, die zu physischer Annäherung drängt, dieses Verlangen, die Hände daraufzulegen, sich körperlich damit zu vereinen, um sich dann loszureißen, fortzugehen und mitzunehmen – ja, was? Ein Bild? Einen Schauder?

Nie hatte ich zu glauben aufgehört, daß die Akropolis wirklich vorhanden ist, und die Begegnung von Angesicht zu Angesicht wäre zur Festigung dieses Glaubens gar nicht nötig gewesen.

Manchmal habe ich in Gegenwart anderer Orte, der Monumente früherer Kulturen ein Gefühl von Fremdheit erfahren und den Eindruck gehabt, als wären weder ich, der Betrachtende, noch das, was ich betrachtete, wirklich, als bestünde all das aus Lichtmaterie, aus Rauch, aus Täuschung. Ganz anders die Akropolis, sie ist ein Wunder der Wirklichkeit. Sie führt die Sinne nicht in Versuchung, sie verspricht nicht, mehr zu sein, als sie ist. Sie erfüllt sich ganz, sie ist sich selber gleich.

Ich sagte also die plumpe Formel vor mich hin: Sie ist und ich bin, und der ungeheure Zeitraum, der unsere Geburtsdaten voneinander trennt, schrumpfte zusammen, verging. Wir waren gleich in der Zeit.

Nach Athen kam ich am späten Nachmittag. Hotelsuche, Bosheiten der Gepäckträger, erstes unsicheres Herumirren in der Stadt, Verlust kostbarer Zeit beim Postkartenschreiben, Kaffeetrinken, Schaufensterbetrachten. Mir war klar, daß ich unbewußt den Augenblick der Begegnung mit der Akropolis hinauszögerte, als bemühte ich mich, die Kraft des Eindrucks zu steigern.

Es war schon Nacht. Wenn ich mich dieses Augenblicks richtig erinnere, so begann ich zu zählen, ganz einfach die Säulen zu zählen: acht, siebzehn und wieder acht, siebzehn, genauso viele, wie man in den Schulheften gezeichnet hatte. Dieses Vermögen, diese unerwartete Erbschaft wollte ich kühl, verstandesmäßig entgegennehmen.

Binnen kurzem kam mir zum Bewußtsein, daß in mir zwei Akropoleis existierten: die des Tages und die der Nacht.

Die erste war eine Frucht der Analyse: mit dem Kopf im Reiseführer. Untersuchung der Struktur des Ganzen, Vorstellung des Verlorenen – ein bißchen wie das Studium eines fossilen Tiers. Die ersten Versuche der Aneignung und der Gewinnung eines persönlichen Verhältnisses zu dem Baudenkmal. Ich wählte »für mich« die Propyläen und den Parthenon wegen ihres Schwungs, ihrer Masse und Ordnung. Der Nike-Tempel war zu filigranhaft, um seine steinerne Stofflichkeit zu empfinden, er machte mir den Eindruck einer gelungenen Kopie, einer guten Klassenarbeit über ein klassisches Thema. Am schwersten fiel mir die Verständigung mit der Erechtheion. Den Karyatiden-Portikus verdarben die metallenen Stützröhren, die dem Bauwerk seinen Sinn und seine geplante Leichtigkeit nehmen. Die Karyatiden selbst, verletzt und ihres Zaubers beraubt, wirkten wie angehalten auf halbem Wege zwischen Menschengestalt und Säule. Über dem dunklen Teich alter athenischer Kulte spricht dieser ionische Tempel gleichsam von der Unmöglichkeit, den früheren Glauben mit dem neuen architektonischen Ausdruck zu verbinden.

Die zweite Akropolis – die nächtliche – ist am Himmel entzündet, dem Blick als Ganzes preisgegeben. Ich setzte mich oft auf den Musenhügel, dicht neben das Philopappos-Denkmal. Von unten, aus dem armen Stadtteil Plaka, drang der

Alltagslärm herauf. Kalkweiße Häuser leuchteten in der Dunkelheit. In der Luft schwebte der Duft von Hammelfleisch, Olivenöl und Knoblauch. Eine Akropolis im Kranz aus Zwiebelduft.

Zwischen den Bäumen links fand jeden Abend das Schauspiel Son et Lumière statt. Sophokles' Chöre weinten abwechselnd auf französisch und auf englisch. Das Licht hob Fragmente des Hügels aus der Nacht hervor. Der von Scheinwerfern ausgestrahlte rote Glanz imitierte Brände.

Damals war die Akropolis für mich kein Architektur-Ensemble, sondern eine Skulptur. Die zerstörte, südliche Säulenreihe des Parthenon, die tief unten abgeschnittenen Säulenschäfte verursachten einen Herzkrampf. Die Steine kämpften mit der andringenden Leere.

In meinem Bewußtsein hatte sich die Akropolis aus der ästhetischen in die historische Ebene verlagert. Ich konnte weder die Rührung noch das Gebet eines Humanisten des vorigen Jahrhunderts nachvollziehen. In meiner Kehle blieben die Worte eines rationalistischen Glaubens stecken: »O noblesse, o beauté simple et vrai! Déesse dont le culte signifie raison et sagesse, toi dont le temple est une leçon éternelle de conscience et de sincérité.«

Die Akropolis, wie ich sie vor Augen hatte: auf das Skelett reduziert, des Körpers beraubt, war für mich ein Werk des Willens, der Ordnung und auch des Chaos, der Künstler und der Geschichte, des Perikles und des Morosini, des Iktinos und der Plünderer. Und indem ich mit dem Blick ihre Wunden und Verletzungen berührte, widerfuhr mir ein Gefühl, in dem sich Bewunderung mit Erbarmen verbindet. Wenn ich das besondere Glück, das Glück der Bedrohten empfand, dann entsprang es wohl aus dem Bewußtsein der ungewöhnlichen Tatsache, daß »ich es noch geschafft hatte«, bevor sie und ich das Schicksal aller menschlichen Schöpfungen auf dem dunklen Kap der Zeit, vor der unbekannten Zukunft erfahren werden.

Gleichnis vom König Midas

Endlich schlafen die goldenen hirsche
auf ihren waldwiesen ruhig

die gemsböcke auch
den kopf auf dem stein

die auerochsen einhörner eichkatzen
jegliches wild überhaupt
die raubtiere wie die zahmen
auch sämtliche vögel

König Midas pirscht nicht

er beschloß
Silen zu fangen

drei tage jagte er ihn
bis er ihn fing
dann schlug er Silen mit der faust
zwischen die augen und fragte:
– was ist für den menschen das beste

Silen meinte
wiehernd:
– ein nichts zu sein
– zu sterben

könig Midas kehrt in seinen palast zurück
aber es mundet ihm nicht das herz des klugen Silen
das in wein gedämpfte

er geht umher er zupft seinen bart
und fragt die alten leute
– wie viele tage die ameise lebt
– warum der hund vor dem tode heult
– wie hoch ein berg wäre
errichtet aus knochen aller
früheren tiere und menschen

dann läßt er den mann zu sich kommen
der auf den roten vasen
mit schwarzer wachtelfeder
hochzeitenzüge und wettkämpfe malt
und der von Midas befragt
weshalb er das leben der schatten verewige
antwortet:
– weil der hals eines galoppierenden pferdes
schön ist
und weil die kleider der mädchen beim ballspiel
wie bäche lebendig sind und unwiederholbar

laß mich niedersetzen bei dir
bittet der vasenmaler
laß uns von menschen sprechen
die mit tödlichem ernst
der erde ein korn überlassen
und zehn dafür ernten
die die sandalen flicken und die republik
die sterne und oboli zählen
gedichte schreiben und tief sich beugen
um aus dem sand das verlorene kleeblatt zu bergen

laß uns ein wenig trinken
ein wenig philosophieren
vielleicht werden dann
wir beide

die wir aus blut und täuschung gemacht sind
uns endlich befreien
von der drückenden leichtigkeit des scheins

Arion

Da ist er – Arion –
hellenischer Caruso
konzertmeister der antiken welt
kostbar wie ein kollier
oder besser wie eine konstellation
er singt
für die meereswellen und die schnittwarenhändler
despoten und maultiertreiber
auf den tyrannenköpfen werden die kronen schwarz
und die verkäufer von fladen mit zwiebeln
verrechnen sich zum ersten mal zu ihrem nachteil

wovon Arion singt
weiß niemand genau
hauptsache ist er stellt den gleichklang der welt wieder her
milde schaukelt das meer den erdball
das feuer spricht ohne haß mit dem wasser
im schatten eines hexameters liegen
wölfe und hirschkuh habicht und taube beisammen
und das kind auf der mähne des löwen schläft
wie in einer wiege
seht wie die tiere lächeln
die menschen nähren sich von weißen blumen
und alles ist gut
wie im anfang

da ist er – Arion
kostbarer und vielfacher
urheber von schwindelanfällen
er steht im bildergestöber
hat acht finger wie eine octave
und singt

Bis sich dem blau im westen
spätliche safranfäden entspinnen
was die nahende nacht bedeutet
dann verabschiedet Arion
mit höflichem nicken
die maultiertreiber und die tyrannen
die geißler und philosophen
und besteigt im hafen den rücken
des zahmen delphins

– auf wiedersehen –

wie schön ist Arion
– sagen die mädchen –
wenn er ins meer hinausschwimmt
einsam
mit dem kranz der horizonte auf dem kopf

Bei den Dorern

Die einzige Harmonie, die der Seele vollkommen Ruhe gibt, ist die dorische Harmonie. *Aristoteles*

Ich habe versucht, Neapel vom ästhetischen Wert der Stille zu überzeugen. Vergebens. Es gibt ja Ästhetiken, die sich auf den Lärm stützen. Ich bediente mich also eines terroristischen Arguments. »Hör zu, Neapel. Der Vesuv schläft nicht. Wenn eines Tages das unterirdische Grollen losgeht, die Katastrophe verkündend, wird dies nicht einmal jemand hören. Denk an das Schicksal Pompejis. Freilich sage ich nicht, daß du seine Grabesruhe nachahmen sollst – das wäre übertrieben –, aber ein wenig Mäßigung, wie sie Perikles empfahl. Ich nenne diesen Namen nicht ohne Grund. Du weißt selbst, daß du eine Grenzstadt von Groß-Griechenland bist.«

Nur zwei Stellen, an denen es verhältnismäßig still war: das Museum Capo di Monte und der Fahrstuhl im ›Albergo Fiore‹. Das Museum liegt auf einem Berg in einem weitläufigen Park. Das Brausen der Stadt klingt hier wie das Geräusch einer alten Grammophonplatte. Immer wieder blieb ich stehen vor dem Porträt des jungen Francesco Gonzaga, das Mantegna gemalt hat. Der Knabe ist mit einem blaßrosa Lucco bekleidet, unter einer Kappe schaut ein Kranz gleichmäßig geschnittener Haare hervor. Im Gesicht streiten Reife und Knabenalter miteinander. Ein lebhaftes Auge, eine energische männliche Nase und ein kindlich geschwellter Mund. Der Hintergrund ist von einem wundervollen Grün, tief und saugend wie das Wasser unter einer Brücke.

Als ein Kunstwerk erwies sich auch der Fahrstuhl im ›Albergo Fiore‹. Geräumig wie eine Bürgerstube, mit ausgeklügelten Vergoldungen und mit einem Spiegel. Die Sitzbank war natürlich mit rotem Plüsch gepolstert. Langsam stieg dieser Salon aufwärts, unterwegs nach dem 19. Jahrhundert seufzend.

Ich hatte aus Patriotismus im ›Albergo‹ Quartier genommen

(bei einem Landsmann) und aus Berechnung (weil die Preise dort niedrig waren). Der Besitzer hieß Signor Kowalczyk. Er hatte helles Haar und ein offenes slawisches Gesicht. Abends, beim Wein, sprachen wir über die Vertracktheit der kriegerischen Schicksale, die Fehler der Italiener, die Vorzüge der Polen und über die Wirkung der Makkaroni auf die Seele. Gleich am ersten Tage vertraute ich ihm meine Träume von Sizilien an. Signor Kowalczyk kramte in einer Schublade, holte eine von irgendeinem Touristen zurückgelassene Fahrkarte nach Paestum hervor und schenkte sie mir großherzig.

Paestum ist zwar nicht Syrakus, aber immerhin Groß-Griechenland. Ohne Bedauern verzichtete ich auf die Aussicht, die ›Blaue Grotte‹ zu besuchen. Es stellte sich rasch heraus, daß es sich lohnte, nach Paestum sogar zu Fuß zu wandern.

Der Sonntagszug kommt dort fast leer an. Die meisten Reisenden steigen zwischen Sorrent und Salerno aus, wo kleine Karren mit blumengeschmückten Eseln auf sie warten.

Von der kleinen Station führt ein alter, mit Zypressen gesäumter Weg zum ›Tor der Sirene‹; man betritt das Gebiet der Stadt, die von hohem Gras und vom Stein bewohnt ist. Die gewaltige Mauer, stellenweise bis zu sieben Meter dick, bekundet unverhohlen, daß die griechischen Kolonien in Italien keineswegs Oasen des Friedens waren. Aus ihrer steinigen, unfruchtbaren Heimat kamen die Griechen über das »weindunkle« Meer, in ein Land, das Feuerstätten vieler Generationen erwärmt haben. Davon zeugen Nekropolen, deren Ursprung bis ins Paläolithikum zurückreicht.

Die große Kolonisation fand zwischen dem 8. und dem 6. Jahrhundert vor unserer Zeitrechnung statt; ihr ökonomischer Charakter war offenkundig – anders als bei der um einige Jahrhunderte früheren Welle der griechischen Expansion, welche die Küsten Kleinasiens erfaßt hatte und deren Ursprung politisch gewesen war: der Druck der von Norden andrängenden Dorer.

Zunächst hatten die griechischen Eroberungen unsystematischen, piratenhaft-räuberischen Charakter. Ihnen voraus zog die Legende, die das Land eroberte, bevor auf ihm griechische Städte zu wachsen begannen. Für Homer waren die Länder im Westen des Ionischen Meeres eine Domäne der Sage. Aber schon damals, dank der Poeten, wurden die nichtgriechischen Flüsse, Gestade, Grotten und Inseln von griechischen Göttern, Sirenen und Helden in Besitz genommen.

Odysseus, der Städteeroberer, ist nicht der Typus eines Kolonisators, sondern eine charakteristische Gestalt jener vorkolonisatorischen Epoche. Als er, aus Troja zurückkehrend, Ismar zerstört, die Stadt der Kikoner, interessiert ihn nur das, was man mit auf das Schiff nehmen kann – Sklavinnen und Schätze. Keinerlei Schönheiten fremder Länder vermögen ihn auf der beharrlichen Wanderung zur felsigen Heimat aufzuhalten.

Die Dichtung Hesiods ist ein noch grelleres Beispiel für diese den Griechen der archaischen Epoche eigene Haltung, die Haltung jener seßhafter Edelleute, denen die Lieder der Aöiden das Reisen ersetzten.

Manche Autoren des Altertums erklärten die Kolonisationsversuche mit privaten Fakten: Familienzwist oder Erbschaftsstreit. Man sollte diese Erklärungen nicht leichthin von der Hand weisen; sie verraten wesentliche gesellschaftliche Veränderungen, die Lockerung der Familienordnung, die in der Zeit des Feldzugs gegen Troja besonders stark gewesen ist. Thukydides und Plato geben noch eine andere Interpretation, die ebenso einfach wie überzeugend scheint: Bodenmangel. Sizilien und der südliche Teil der Apennin-Halbinsel waren ein verlockendes Terrain für wirtschaftliche und agrarische Kolonisation.

Diese Gebiete waren Niemandsland. Die Griechen erbeuteten sie von den Barbaren durch List oder Überfall, zwar nicht ganz so grausam wie die ›preußischen‹ Römer, immer-

hin mit Gewalt. Ihr Hauptaugenmerk galt den Küsten, wo sie Häfen anlegten. Die einheimische Bevölkerung floh in die Berge und beobachtete mißgünstig die Entwicklung der Stadt der Usurpatoren. Cicero sagt, die griechische Küste sei wie eine Saumkante, die an das breite Gewebe barbarischer Zonen genäht ist. Dieser goldene Saum färbte sich oft mit Blut.
Poseidonia (lateinisch Paestum) wurde um das Jahr 600 vor unserer Zeitrechnung von den Dorern gegründet, welche die Achäer aus Sybaris vertrieben hatten. Die griechischen Städte in Italien – ähnlich wie im griechischen Mutterland – rangen untereinander gnadenlos um die Hegemonie. Es gab auch Versuche einer Einigung des südlichen Italien nach dem Prinzip der Städteunion. Diesen Plan – so nehmen jedenfalls die Wissenschaftler aufgrund numismatischer Indizien an – sollten die Pythagoräer von Kroton verwirklichen, die, wie bekannt ist, das in den Zeiten seiner Blüte hunderttausend Einwohner zählende mächtige Sybaris in Trümmer verwandelt hatten. Die Einwohnerschaft von Poseidonia verbündete sich mit den Siegern und ist gut dabei gefahren. Zur Grundlage ihres Wohlstands wurde der Handel mit Getreide und Öl. Innerhalb kurzer Zeit erbaute man in der Stadt zehn Tempel, die nicht nur Zeichen der Religiosität und eine Manifestation des griechischen Schönheitsideals waren – vielmehr übernahm die Kunst, insbesondere die Architektur, in den Kolonien eine politische Rolle: sie hatte die nationale Eigenart gegenüber den benachbarten Völkern zu bekunden. Ein griechischer Tempel auf einer Anhöhe war wie eine in das eroberte Land gerammte Standarte.
Das 6. und 5. Jahrhundert vor unserer Zeitrechnung gilt als das Apogäum griechischer Zivilisation in Italien, ihre perikleische Periode. Die Städte, zunächst Heimstatt der Kaufleute, zogen Gelehrte, Dichter und Philosophen an, von denen vor allem die letzteren allmählich zu beträchtlichem politischem Einfluß gelangten. In Kroton und Metapont regierten die Pythagoräer. Diejenigen Leser, die Platons *Staat* studiert

haben, wird die Information nicht wundern, daß um das Jahr 450 vor unserer Zeitrechnung das Volk sich wider die Philosophen empörte, die unter dem Vorwand der Verehrung der Zahlen eine Registrierung der männlichen Einwohner anordneten und bei dieser Gelegenheit diejenigen einsperren ließen, die eines nicht eben freundlichen Verhältnisses zum Pythagoräismus verdächtig waren. Nur, durchschnittliche Bürger haben kein Verständnis für Abstraktion und ziehen den Weisen die stumpfe, bestechliche Bürokratie vor.

In der Nähe von Paestum war Elea gelegen, wo an der Wende vom 6. zum 5. Jahrhundert eine Philosophenschule, deren Gründer Parmenides war, sich gruppierte – nach der ionischen Schule ein zweites Kettenglied in der Geschichte des griechischen Denkens. Die vorklassische Periode der griechischen Philosophie repräsentieren Philosophen aus den Kolonien.

Es ist eine vielleicht recht naive, aber immerhin mögliche Auslegung, daß der Zustand ständigen Bedrohtseins, der für das Leben der griechischen Städte charakteristisch war, die Eleaten dazu inspiriert hat, die tröstliche Wahrheit von der Unwandelbarkeit der Welt, von der Kontinuität des Daseins zu verkünden. Doch der unbewegliche Pfeil Zenons von Elea blieb eine Erfindung des Geistes und hat sich in der Geschichte nicht bewahrheitet.

Im Jahre 400 vor unserer Zeitrechnung wurde Poseidonia von den Bergbewohnern der Umgebung, den Lukanern, besetzt. Siebzig Jahre später besiegte der König von Epirus, Alexander, ein Neffe Alexanders des Großen, sich der hellenischen Solidarität bewußt, die Lukaner. Doch nach seinem Tode kehrten die Besiegten zurück und ergriffen abermals Besitz von der Stadt. Die Besatzung muß schwer gewesen sein; es war sogar untersagt, griechisch zu sprechen.

Zu neuen Befreiern wurden die Römer. Mit ihnen verständigten sich die Griechen schnell und leicht. Paestum wurde römische Kolonie, es lieferte den Römern Schiffe und Matrosen. Als schwere Zeiten anbrachen für die Republik (nach der Schlacht bei Cannae) opferten die Poseidonier für Kriegszwecke sämtliche goldene Gefäße aus ihren Tempeln. Die Römer lehnten die Gaben großmütig ab; in Anerkennung der Loyalität der Stadt gewährten sie ihr das seltene Privileg, eigene Münzen zu prägen.

Das Ende war minder glanzvoll. Der Meeresgott, dem Paestum gewidmet war, wandte sich von seinen Verehrern ab. Er hob die Küste an. Der nahe Fluß Silarius büßte die Mündung ein und begann sich zu zerteilen. Strabon klagt über die schlechte Luft der Umgebung. Was die Barbaren nicht vollbracht hatten, vollbrachte nun die Malaria.

Zu Anfang des Mittelalters war das keine Stadt mehr, bestenfalls die Karikatur einer Stadt. Sie war von einer kleinen christlichen Gemeinde bewohnt. Eine Handvoll mißgestalteter Häuser, aus Bruchstücken antiker Bauwerke erstellt, kauerte rings um den in eine Kirche umgewandelten Tempel der Demeter. Im 11. Jahrhundert schließlich wich die dezimierte Einwohnerschaft der Malaria-Metropole dem Ansturm der Sarazenen. Sie floh nach Osten in die Berge auf dem gleichen Wege, den die Lukaner auf ihrer Flucht vor den Griechen genommen hatten. In Capacchio Vecchio, wohin sich die Poseidonier nach ihrer Flucht gewandt hatten, wurde eine Kirche errichtet, die der Madonna vom Granat geweiht war. Die Madonna hat das Gesicht der Hera. Im Mai und August pilgern die Bewohner der Umgegend in einer Prozession zu der alten Kirche. Sie tragen kleine, blumenverzierte Barken mit Kerzen darin – denen ähnlich, die vor sechsundzwanzig Jahrhunderten die Griechen der Hera von Argos entgegengetragen haben.

Als um die Mitte des 13. Jahrhunderts in der Nähe von Paestum, das damals längst untergegangen war, ein Weg vermessen und abgesteckt wurde, stieß man auf drei dorische Tempel, deren einer zu den am besten erhaltenen auf der Welt gehört. Man nannte sie: die Basilika, den Tempel Posei-

dons und den Tempel der Demeter. In ihrem Innern stand ein Haufe andächtiger Eichen.
Ich sehe die Tempel zum ersten Mal mit eigenen Augen, in Wirklichkeit. Nach einer Weile werde ich hinübergehen, mein Gesicht den Steinen nähern, ihren Geruch prüfen, mit der Hand über die Rillen der Säulen streichen. Man muß sich frei machen, säubern, alle gesehenen Photographien, Zeichnungen, Prospekte vergessen. Und auch das, was man mir von der makellosen Reinheit und Erhabenheit der Griechen erzählt hat.
Der erste Eindruck bringt beinahe eine Enttäuschung: die Tempel sind kleiner, genauer: niedriger, als ich erwartet hatte. Diese, die ich vor Augen habe, stehen auf einer Ebene, die flach ist wie ein Tisch, unter einem riesigen aufgerissenen Himmel, der sie noch flacher macht. Die topographische Situation ist ungewöhnlich, denn die meisten griechischen Sakralbauten waren auf Anhöhen errichtet und nahmen die Linien der gebirgigen Landschaft auf, die sie beflügelte.
In Paestum, wo die Hilfe der Natur versagte, kann man die Dorer kühl und ohne jede Exaltation studieren – so wie es dem männlichsten aller architektonischen Stile angemessen ist. Er ist streng wie die Taten seiner aus dem Norden eingewanderten Schöpfer. Gedrungen, untersetzt und gleichsam athletisch, würdig der Epoche der Heroen, die den Wildeber mit einer Keule jagten. Besonders die Zeichnung der Säule hat eine unverkennbare Muskulatur. Unter der Last des Architravs schwillt das ausladende Kapitell vor Anstrengung.
Der älteste Bau ist die Basilika, die aus den fünfziger Jahren des 6. Jahrhunderts vor unserer Zeitrechnung stammt. Lange Zeit hat man ihren sakralen Charakter verkannt, weil ihre Fassade eine ungerade Zahl von Säulen aufweist – eine Tatsache, die bei griechischen Tempeln nirgend sonst zu finden ist. Das sichtbarste Merkmal, das, nebenbei, die Archaik des Bauwerks bezeugt, ist die deutliche Entasis, die Schwellung im mittleren Teil des Säulenschafts. Der dem oberen Säulen-

stück aufruhende Echinus zeigt die Form eines stark gequetschten Kissens. Der obere Säulenteil ist im Verhältnis zur Basis stark verengt, was dem Eindruck der Schwere und Gedrängtheit der Senkrechten entgegenwirken soll. Und noch eine weitere an griechischen Tempeln selten aufzufindende Einzelheit: zwischen Schaft und Kapitell verläuft ein diskretes Blätterband, das von Kunsthistorikern als Indiz mykenischer Tradition interpretiert wird.
Die Säulen, massiv wie Leiber von Titanen, tragen jetzt nicht mehr die Last des Daches, sondern die Reste des Architravs und des Frieses. Wind und Stürme haben den First der Basilika glattgeschmirgelt. Zu erkennen sind die Überbleibsel von Triglyphen und die erschütternden Spuren anonymer Baumeister – Vertiefungen in Gestalt des Buchstabens U, ausgehöhlt durch das Seil, mit dem die schweren Sandsteinblöcke hinaufgezogen wurden.
Um ins Innere zu gelangen, muß man drei Stufen ersteigen, die für Riesen geeigneter wären als für Menschen. Nicht alles in dieser Kunst war also nach Menschenmaßen.
Der innere Grundriß des Tempels ist einfach. Den zentralen Teil bildet ein rechteckig umbauter Saal, Naos genannt – finster wie der Bauch eines Schiffes. Hier war einst die Statue des Gottes aufbewahrt und sein Blitz. Ein Ort, eher für die Kaplane bestimmt als für die Gläubigen, ein fernes Echo unterirdischer Grotten. Die Opfer-Zeremonie fand draußen statt, wovon die Altäre zeugen, die sich vor dem Tempel befinden. Peristyl und Pronaos waren für die Massenprozessionen zu schmal. Für die meisten Gläubigen war der Tempel das, was von außen zu sehen ist. Deshalb interessierte die griechischen Architekten mehr die Höhe und die Staffelung der Säulen, die Proportionen der Quader und die Verteilung der Ornamente als das Suchen nach neuen Lösungen des Innenraums.
Im Süden der Basilika steht einer der schönsten, am besten erhaltenen dorischen Tempel, die bis auf unsere Zeit über-

dauert haben. Die Entdecker schrieben ihn Poseidon zu. Neuere Forschungen, gestützt auf die gefundenen Kultgegenstände, beanspruchen ihn für die Ehefrau des Zeus, Hera aus Argos. Auch wurde die anfängliche Meinung korrigiert, daß dies der älteste sakrale Bau in Paestum sei; es ist, im Gegenteil, der jüngste der erhaltenen dorischen Tempel Poseidonias. Er stammt ungefähr aus dem Jahre 450 vor unserer Zeitrechnung, ist um einige Jahre dem Athener Parthenon voraus, gehört also in die klassische dorische Epoche.

Der Block des Tempels ist rundum geschlossen und zugleich weniger plump als die uns bekannten archaischen Bauten. Er zeigt vollendet ausgewogene Proportionen; die einzelnen Elemente verbinden sich zu einem ebenso lichten wie logischen Ganzen. Der dorische Künstler, nach orpheischer Art Licht und Luft modellierend, handhabte nicht nur den Stein sondern auch den Raum zwischen den Säulen.

Die horizontalen Linien verlaufen nicht durchweg parallel. Das hat seinen Grund. Man hat hier eine optische Korrektur vorgenommen (eine Erfindung, die Iktinos von Milet zugeschrieben wird, dem Schöpfer des Parthenon), nämlich eine Kurve gezogen: die Fläche wurde nach innen gebogen. Daher rührt der Eindruck der Geschlossenheit. Auch wußten die dorischen Architekten, daß, wenn man die Säulen vollkommen lotrecht aufstellte, der Eindruck entstehen würde, als strebten die senkrechten Linien nach oben auseinander, als zerfiele also der Umriß des Tempels nach den Seiten. Deshalb gab man den Säulen eine leichte Neigung nach innen. Im Fall des Hera-Tempels wurde dieser Grundsatz zugunsten eines anderen aufgegeben: man praktizierte das, was heute ein Maler Faktur nennen würde. Die äußeren Säulen sind lotrecht, doch ihre Rillen, die sogenannten Kannelüren, führen den Blick so, daß eine Einwärtsneigung der Säulen vorgetäuscht wird.

Trotz solcher architektonischen Finessen wahrt der Hera-Tempel die Ausgewogenheit, Gewaltigkeit und Strenge alter dorischer Bauten, obgleich er aus der klassischen Epoche stammt. Das Verhältnis der Dicke der Säulen zu ihrer Höhe ist 1:5. Die Enden der Kapitelle – quadratische Deckplatten – berühren einander beinahe und sind keineswegs dekorative Dreingaben, sondern tragen eindeutig und sicher den dreieckigen Giebel des Tempels, dessen Höhe die Hälfte der Säulenhöhe mißt.

Am südlichen Rand der heiligen Zone der Stadt steht der sogenannte ›Tempel der Demeter‹. In Wirklichkeit war es das Athenaion, wovon die unlängst aufgefundenen Statuetten zeugen und die Inschrift in archaischem Latein, welche lautet: Menerva. Man erbaute es gegen Ende des 6. Jahrhunderts. Es hat ein ähnliches Säulenprofil wie die Basilika, mit ausgeprägter Entasis und zusammengedrückter Deckplatte. Dem Anschein nach ein reines Exemplar dorischer Kunst. Doch kommen reine architektonische Ordnungen (außer in Handbüchern) sehr selten vor. So entdeckte man im Tempel der Demeter kürzlich zwei ionische Kapitelle. Es gibt Kunsthistoriker, die diese beiden Stile als Gegensätze behandeln, als Werke verschiedener Völkerstämme und Mentalitäten. Vom ersten sagen sie, er sei männlich gewesen, schwer und voller Kraft; vom zweiten, er zeige weibliche Züge, asiatische Anmut und Leichtheit. In der Praxis hat es viele Verschmelzungen und Mischformen gegeben, und die Gegensätze waren zweifellos weniger akzentuiert, als sich das die Klassifikatoren gewünscht haben mögen.

Die drei Tempel von Paestum stellen drei Epochen dorischer Stilordnung dar. Die Basilika repräsentiert die archaische Periode, Demeter die Zeit des Übergangs. Der Hera-Tempel ist ein herrliches Beispiel reifer Dorik. Schon allein deswegen ist Paestum sehenswert – es ist ein wichtiges und belehrendes Ensemble antiker Architektur.

Mittag: reglose Asphodelen, Zypressen, Oleander. Dunstige Stille, von Zikaden zersungen. Von der Erde zum Himmel steigt das unaufhörliche Opfer von Düften. Ich sitze im Innern des Tempels und beobachte die Wanderschaft des Schattens. Das ist kein zufälliges, melancholisches Dahinstreunen von Schwärze, sondern eine präzise, einen rechten Winkel durchschneidende Bewegung der Linien. Die solare Bindung der griechischen Architektur liegt offen zutage.

Mehr als wahrscheinlich ist es, daß die griechischen Architekten mittels des Schattens zu messen vermochten. Die Richtung Nord-Süd war durch den kürzesten Schatten bestimmt, den die Sonne wirft, während sie im Zenit steht. Also kam es nur darauf an, eine Möglichkeit zu finden, eine Senkrechte zu diesem Schatten zu zeichnen, woraus sich dann die grundsätzliche heilige Orientierung Ost-West ergeben würde.

Der Legende schreibt Pythagoras diese Erfindung zu und unterstreicht ihre Wichtigkeit durch das Opfer der hundert Ochsen, die geschlachtet worden seien, um den Erfinder zu ehren. Die Lösung war so genial wie einfach. Ein Dreieck, das die Seitenlängen 3, 4 und 5 hat, ist ein rechtwinkliges Dreieck – die Summe der Quadrate über den kürzeren Seiten ist gleich dem Quadrat über der längsten Seite. Diese theoretische Feststellung, mit der man bis zum gegenwärtigen Tage die Schüler quält, hatte außerordentliche Folgen in der Praxis. Sie bedeutete, daß ein Architekt, der eine Schnur mit drei Knoten, die den Verhältnissen 3, 4, 5 entsprachen, zwischen drei Spitzen so ausspannte, daß AC der Schatten Nord-Süd war, auf diese Weise die Richtung Ost-West ermitteln konnte, die dann von dem Abschnitt AB bestimmt wurde. Mittels dieses Dreiecks, das man das pythagoräische nennt, errechnete man die Höhe und den Abstand der Säulen.

Es war nicht ohne Bedeutung, daß dieses Dreieck, wenn man so sagen darf, vom Himmel gefallen war und also seinen kosmischen Wert hatte. Den Erbauern der dorischen Tempel ging es nämlich weniger um die Schönheit als um die steinerne Auslegung der Weltordnung. Sie waren Propheten des Logos – vom gleichen Range wie Heraklit und Parmenides.

Die Anfänge des dorischen Stils liegen im Dunkel. Vitruvius, der Architekt des Augustus, übermittelt, wahrscheinlich gestützt auf die griechische Tradition, eine märchenhafte Genese, die bis auf den legendären Dorus, den Sohn des Hellenos und der Nymphe Phtiada zurückgeht, der einst über Achaia und den ganzen Peloponnes geherrscht haben soll. Die ersten Baumeister – so überliefert der römische Architekt – kannten die Gesetze der Proportion nicht und »bemühten sich, Regeln zu finden, nach denen die erbauten Säulen fähig wären, sowohl Last zu tragen als auch für schön zu gelten«. Sie maßen die Spur des menschlichen Fußes und verglichen dies Maß mit der Größe eines Mannes. Die Beobachtung, daß der Fuß den sechsten Teil der Höhe eines Menschen beträgt, wandten sie auf die Konstruktion der Säule an, das Kapitell mit einbegreifend. So begann die dorische Säule in der Architektur die Kraft und die Ebenmäßigkeit des männlichen Körpers widerzuspiegeln.
Sicherlich haben sich die Eroberer aus dem Norden – die Dorer – die Erfahrungen der Besiegten, der Mykener und Kreter, zunutze gemacht. Das gängige Schlagwort vom »griechischen Wunder« hat denn auch dank unserer sich vertiefenden Wissenschaft die Erforschung der Entwicklungsstufen, der jahrhundertealten Konflikte und Beeinflussungen ersetzt. Mehr als wahrscheinlich ist es, daß der dorische Tempel, jedenfalls in seinem eigentlichen Grundriß, aus dem mykenischen Palastbau, dem sogenannten Megaron, stammt. Andererseits ist er eine Übertragung der Ergebnisse alter Holzbaukunst auf ein anderes Material, was an einer Einzelheit wie dem Triglyph, einst die Stirn des Deckenbalkens, abgelesen werden kann. Freilich: die hölzernen Überreste sind verlorengegangen und mindestens drei Jahrhunderte von Experimenten unseren Blicken verborgen.
Die große Epoche der Steinbaukunst am Beginn des 7. Jahrhunderts unserer Zeitrechnung ist wohl ein Ergebnis von Veränderungen in der sozialen und ökonomischen Struktur.

In den griechischen Städten lebten ja nicht nur Kaufleute und Besitzer benachbarter Ländereien, sondern auch Verarmte und Sklaven. Diese letzten arbeiteten hauptsächlich in den Steinbrüchen. Die überlieferten Beschreibungen der Arbeitsbedingungen in den Gold- und Silberbergwerken Ägyptens und Spaniens vermitteln ein Bild, das deutlich an Zustände in Zwangsarbeitslagern erinnert. Ein englischer Gelehrter schreibt, es sei »unerläßlich, an das Blut und die Tränen zu denken, die auf den Rohstoff der griechischen Kunst geflossen sind«. Es ist nicht verwunderlich, daß unter solchen Umständen negative und positive Utopien entstanden: Platons Höhle, der Tartaros und die Vorstellung von den hellen Gefilden des Himmels, wo die vom Körper erlösten Seelen zur gesegneten Ruhe gelangen.

Der Stein war also nicht nur Material, ihm kam eine symbolische Bedeutung zu; er war ein Objekt der Verehrung und auch der Verkündung. Zwischen ihm und den Menschen gab es eine innige Beziehung. Der prometheischen Sage zufolge bestand zwischen Menschen und Steinen eine ursprüngliche Verwandtschaft. Die Steine haben sogar den Geruch des menschlichen Körpers bewahrt. Beide, Steine und Menschen, repräsentieren zwei kosmische Mächte, zwei Bewegungen: abwärts und aufwärts. Der rohe Stein fällt vom Himmel: dem Eingriff des Architekten und dem Erdulden der Zahl und des Maßes ausgesetzt, erhebt er sich zum Sitz der Götter. Der folgende orphische Text läßt an diesem Sachverhalt keinen Zweifel. Er ist dichterisch schön, also wert, zitiert zu werden:

Die Sonne gab ihm den Stein
den sprechenden und wahren
so nannten ihn also die Menschen das Wesen der Berge

Er war hart, kräftig schwarz und dicht,

an allen Seiten geädert
wie ein runzliges Antlitz

Da wusch der Weise den Stein in lebendigem Quell
kleidete ihn in sauberes Tuch
nährte ihn wie ein Kind
brachte ihm Opfer wie einem Gott

Hauchte ihm Atem ein mit mächtigen Hymnen

Brannte dann eine Lampe an in seinem sauberen Hause
wiegte ihn in den Armen und hob ihn empor
ähnlich der Mutter die den Sohn umarmt
Du der du Gottes Stimme hören willst
tue das gleiche
frage ihn nach der Zukunft
und er wird dir alles aufrichtig sagen

Der von Kriegsgefangenen und Sklaven geförderte Stein trocknete an der Sonne, verlor das Wasser, das, wie Heraklit meint, der Tod der Seele ist. Dann transportierte man ihn zur Baustelle. Und hier begann die schwierigste Kunst: das Behauen und Formen der Klötze, das man das Geheimnis der Architektur nannte und das die Griechen unübertroffen beherrschten. Da man keinen Mörtel benutzte, mußten die aneinanderstoßenden Flächen ideal zugepaßt sein. Noch heute macht der Tempel den Eindruck, als sei er aus einem einzigen Block gehauen. Um das Ganze auszuwägen, mußten die einzelnen Bauelemente exakt miteinander verbunden werden: das wiederum setzte eine genaue Kenntnis des Gewichts und der Haltbarkeit des Materials voraus. Der schwerste Stein war gut für die Fundamente, der haltbarste für die oberen Teile des Baus. Die Bauzeit dauerte verhältnismäßig kurz, man baute gleichsam in einem einzigen Wurf. Umänderungen und Zusätze kamen selten vor.

Der Begriff Ruine ist dem Wesen des griechischen Tempels fremd. Sogar die am meisten beschädigten wirken nicht wie Versammlungen verstümmelter Fragmente, wie chaotische Steinhaufen. Die zu Sand zerriebene Säulentrommel, ein abgerissenes Kapitell – sie haben die Vollkommenheit einer vollendeten Skulptur.

Die Schönheit klassischer Bauwerke läßt sich in Zahlen und in den Verhältnissen der Elemente zueinander und zum Ganzen erfassen. Die griechischen Tempel leben unter dem ungetrübten Licht der Geometrie. Mathematische Präzision erhebt diese Gebilde über den Wandel der Zeiten und Geschmäcker. In Abwandlung des Satzes von Kant über die Geometrie könnte man sagen, daß die griechische Kunst eine apodiktische Kunst ist, die sich unserem Bewußtsein zwingend mitteilt.

Grundlage der Symmetrie, die nicht allein als eine ästhetische Direktive verstanden wurde, sondern als ein Ausdruck der Ordnung des Weltalls (könnte man nicht auch von einer Symmetrie der Geschicke in der antiken Tragödie sprechen?), war ein Modul – eine arithmetische Größe, die sich in allen Elementen des Baus wiederholte. »Die Symmetrie wird aus der Proportion geboren, die Proportion des Baus nennen wir die Berechnung sowohl seiner Glieder als auch seiner Gesamtheit nach einem festgelegten Modul« – sagt mit römischer Schlichtheit Vitruv. In Wirklichkeit verhält sich die Sache nicht ganz so einfach.

Umstritten ist, ob der Modul des dorischen Tempels der Triglyph war oder die Hälfte der Säulenbreite. Manche Theoretiker halten für die maßgebende Proportion das Verhältnis der Säulenhöhe zu der Höhe des Entablements, das heißt der Höhensumme des Frieses, des Gesimses und des Architravs. Die Schwierigkeit besteht darin, daß einzelne Architekten dieses Verhältnis für ein und dieselbe Bauweise verschieden festlegen. Für den ionischen Stil finden wir bei Vitruv die Proportion 1 : 6 genannt, für denselben Stil gibt Alberti 1 : 3,9 an.

Hinzu kommt, daß die Analyse der Bauten erwiesen hat, wie wenig die Urheber der Maßstäbe sich an diese in der Praxis gehalten haben. Eine Erklärung dafür liegt vielleicht in dem Umstand, daß man stets nur abgerundete Größen verwendete, was seine Ursache möglicherweise in der Unvollkommenheit der Meßgeräte oder im Widerstand des Materials hatte. Aber auch das wäre nur eine lückenhafte Begründung.

Das Suchen nach einem absoluten Kanon, nach einem einzigen Zahlenschlüssel, der alle Baugeheimnisse einer Stilordnung öffnet, ist ein so müßiges wie fruchtloses akademisches Vergnügen, das mit dem Konkretum und der Geschichte nichts zu tun hat. Die Stilordnungen waren doch Entwicklungen unterworfen, was in Paestum klar zu erkennen ist, wenn wir nur die archaische Basilika mit dem Tempel der Hera vergleichen, einem Werk reifer dorischer Kunst. Der Unterschied wird am besten an der Höhe der Säulen deutlich, die in der frühen Phase der Dorik 8 Moduls betrug, später 11 und 13.

Ein zweiter Fehler der Kanonjäger, die sich mit Lineal und Zirkel an den wehrlosen Strukturen der Tempel austobten, war der, daß sie weder die Höhe des Gebäudes noch den Standort des Betrachters berücksichtigten, mit anderen Worten, sie interpretierten die Proportionen linear statt winkelmäßig. Die Theorie der Winkelbekenner, angewandt bei der Aufklärung griechischer Architektur und ihrer Gesetze, klärt manches Mißverständnis und hebt die wirkliche Bedeutung des künstlerischen Kanons hervor: es handelt sich um veränderliche Größen, die man auf sehr unterschiedliche Weise nutzte, abhängig davon, ob man einen kleineren, einen mittleren oder einen großen Tempel baute. Auch das Verhältnis von Entablement und Säule wechselte von Fall zu Fall; es stand in Relation zur Stilordnung und zum Standpunkt des Betrachters. Die sakralen Bauten in Paestum befanden sich mitten in der Stadt, also wurden sie aus vergleichsweise geringer Entfernung gesehen – dieser Umstand, unter anderen, erklärt das mächtige Entablement des Hera-Tempels.

So ist denn die griechische Kunst eine Synthese von Vernunft und Anschauung, Geometrie und Gesetz des Sehens. Das zeigt sich auch in den Abweichungen vom Kanon. Dort, wo ein Geometer eine Gerade zeichnen würde, setzten die Griechen kaum merkliche horizontale und senkrechte Kurven: die Wölbungen des Stylobats, des Tempelsockels, die im Balkenwerk wiederholten Giebel, die Innenneigung der Ecksäulen. Derlei ästhetische Retuschen verliehen dem Gebäude Leben; die Nachahmer klassischer Architektur haben das nie begriffen. Die Pariser Madeleine und das Pantheon Soufflots verhalten sich zu den Werken, von denen sie inspiriert worden waren, wie ein Vogel aus einem Atlas der Ornithologie zu einem Vogel im Flug.

Man kann sich die Frage stellen, warum der dorische Stil, nach unserem Dafürhalten der vollkommenste Stil antiker Architektur, anderen weichen mußte. Ein Kenner der Renaissance sagt: »Manche Architekten des Altertums behaupteten, man solle die Tempel nicht in dorischer Ordnung bauen, weil sie fehlerhafte und falsche Proportionen hätten.« In späteren Perioden erörterte man des langen und breiten das Problem, wie die Triglyphe anzubringen seien, daß sie über jeder einzelnen Säule und über dem Säulenzwischenraum wären, auf der Säulenachse und auf der Achse des Säulenzwischenraumes, und daß sie einander an den Ecken des Frieses berührten. Und doch war eben dies viel eher ein ornamentales denn ein konstruktives Problem. Es zeugte immerhin dafür, daß die Tempel aufgehört hatten, eine Kultstätte zu sein, vielmehr zum Schmuckwerk der Städte geworden waren.

Die Kunst der Dorer war tiefer und natürlicher mit der Religion verknüpft als spätere Ordnungen antiker Architektur, und zwar schon durch ihr Material. Der Marmor der ionischen und korinthischen Bauwerke stand ein für Kühle, Offizialität und Pomp. Es ist nicht einerlei, ob man Athena ein Opfergeschenk aus Gold oder Elfenbein darbringt, oder aus rohem Stein. Den Dorern war diese Göttin eine Fürstin der Nomaden, ein blauäugiges Mädchen, mit den Muskeln eines Epheben, eine Reiterin. Dionysos, einst Patron der dunklen Mächte und Orgien, wurde zum arglosen, bärtigen Trunkenbold.

Um einen dorischen Tempel vollständig und zulänglich zu rekonstruieren, müßte man ihn mit leuchtenden Farben – Rot, Blau und Ocker – bemalen. Dabei würde dem brutalsten Restaurator die Hand zittern. Wir wollen den Stil der Griechen durch Regengüsse verwaschen sehen, weiß, frei von Leidenschaft und Grausamkeit. Zu einer vollständigen Rekonstruktion gehörte auch die Nachbildung dessen, was sich einst vor dem Tempel abspielte, denn was wäre er ohne den Kult? Die Haut einer Schlange, die Oberfläche eines Geheimnisses.

Bei Sonnenaufgang, wenn den himmlischen Göttern gehuldigt wurde, bei Sonnenuntergang oder in der Nacht, wenn man die Unterirdischen anrief, schritt die Prozession mit einem Mystagogen an der Spitze zum Opferaltar, der vor dem Tempel stand. »Der alte Ritter Nestor wusch sich die Hände, verteilte die Gerste, und lange zu Athena betend, schnitt er die Haare vom Kopf des Tieres und warf sie ins Feuer. Danach streuten die anderen, ebenfalls betend, Gerste vor sich. Da trat der Sohn Nestors, der tapfere Trasymedes, heran und holte aus zum Hieb: das Beil durchschnitt die Nakkensehnen und tötete das Kalb. Die Töchter und die Söhne stimmten den Gebetsgesang an ... Der Kopf des Tieres wurde emporgehoben und hoch über der Erde mit ihren breiten Wegen gehalten. Der Feldherr Paesistratos stach zu, das rote Blut rann, der Atem entfloh den Knochen ...«

So ist es gewesen. Jetzt schweifen hier Ausflügler umher, der Reiseführer, penibel wie ein Buchhalter, zitiert mit erhobener Stimme die Maße des Tempels. Er ergänzt auch die Zahl

der Säulen, als bitte er um Entschuldigung für die Ruine. Er deutet mit der Hand auf den Altar, doch dieser verlassene Stein rührt niemanden. Hätten die Besucher mehr Phantasie, statt der klickenden Kameras, sie hätten einen Stier herbeigeschafft und ihn vor dem Altar getötet.
Übrigens gibt ein kurzes Aussteigen aus dem Autobus keinen Begriff davon, was ein griechischer Tempel ist. Man muß inmitten der Säulen wenigstens einen Tag verbringen, um das Leben der Steine in der Sonne zu verstehen. Sie verändern sich je nach der Stunde des Tages oder nach der Jahreszeit. Frühmorgens ist der Kalkstein Paestums grau, in der Mittagszeit honigfarben, beim Erlöschen der Sonne flammend. Ich berühre ihn und fühle die Wärme menschlichen Körpers. Die Eidechsen überlaufen ihn wie ein Schauer.

Der Tag verdämmert. Der Himmel ist wie Erz. Helios' goldener Wagen rollt ins Meer. Um diese Stunde, wie der Archipoet sagt, werden »alle Pfade dunkel«. Heute blühen vor dem Tempel Heras Rosen, die Vergil besang: »biferi rosaria Paesti«, und sie duften betäubend. Die Säulen nehmen das lebendige Feuer des Abendrots an. Bald werden sie in der schwarzen Luft stehn wie ein verbrannter Wald.

Der Berg gegenüber vom Palast

Der berg gegenüber vom palast des Minos ist wie ein
griechisches theater
die tragödie lehnt mit dem rücken gegen den plötzlichen berg
in den rängen duften sträucher die schaulustigen oliven
applaudieren den ruinen

wirklich zwischen natur und dem schicksal des menschen
gibts keinen wesentlichen zusammenhang
die redensart daß das gras der katastrophe spotte
ist von wankelmütigen und ungetrösteten erfunden

besonderer zufall: zwei parallelen
kreuzen sich nicht einmal in der unendlichkeit

nur so viel läßt sich darüber in wahrheit sagen

Die Höhle der Philosophen
Erster Akt
Fünftes Bild

SOKRATES *zu den Schatten*
Wenn nach der letzten frage
das schweigen einsetzt
wenn der weiße stein der ruhe
zu bröckeln beginnt in den fingern dann
höre ich –
durch die stille, die flaumig ist wie ein fell
sehe ich –
durch die schwarzen und weißen streifen
der wogenden luft
zwei flöten
zwei hörner
die über den rand der wirklichkeit
ragen

du nahst Dionysos
hundertfach getötet
und auferstanden hundertfach
der du gezappelt hast wie ein fisch
im netz der syllogismen
dem mein mechanisches ungeheuer
von dialektik
den tödlichen stoß versetzt hat
den ich durch die straßen Athens
an den haaren zerrte
du nahst und sagst
»ich und meine kentauren
werden an deinem leichnam – werter Sokrates
beten die feierliche litanei
des gelächters«

und weiter
»abgeschunden hast du elender dich
wolltest den menschen befreien
von unruhe und von der qual der inkarnationen
und deshalb hast du die zwei entferntesten wörter
eingefangen
um sie zu der lächerlichen formel zusammenzuflicken
verstand sei glück

hörst du das grölen
siehst du den allerheiligsten bauch
der mutter natur
sich schütteln?«

und hier meine antwort:
wahrlich es ist eine leidige sache
gottesleugner zu sein und gegen den teufel zu kämpfen
am ende vom teufel besiegt zu werden
wo höchstwahrscheinlich
der sieg zu dir gehört
Dionysos

möglich daß der verstand – wie du behauptest –
eine todesahnung
ein echo des nichts ist
Du hast mich in diese höhle getrieben
und mit der unzahl gestalten umgeben
die meinen namen tragen
das ist deine letzte versuchung
Verführer

sie kommen und fragen
wer denn der wahre Sokrates sei
willst du daß mich der schwindel packe
beim anblick der ebenbilder

und daß ich auf die knie falle dem wahn entfliehend?
vor dem göttlichen leichtsinn
und dem heiligen spiel der schatten
Du hast Dionysos zwei nächte zeit
mich zu verführen
mir bleiben zwei tage übrig
das überdauern zu lernen
und am ende vielleicht
wenn alle masken fallen
mein eignes gesicht zu entziffern

Der Fall Samos

Meinen tschechischen Freunden

Ein Stück Land, abgerissen vom asiatischen Kontinent – die Insel Samos auf den Wellen des Ägäischen Meeres, das man hier so schön das Meer des Ikaros nennt. Der Abstand, der den östlichen Zipfel der Insel vom Festland trennt, ist gering, ein tüchtiger Schwimmer kann an einem schönen Tag ohne besondere Anstrengung hinübergelangen.

Die Insel hat eine längliche Form. Im nordöstlichen Teil schneidet das Meer tief ins Land und bildet eine Bucht. Hier liegen Hauptstadt und Hafen, sie tragen denselben Namen wie die Insel.

Das Gelände ist bergig. Strabo unterstreicht diese Tatsache und erklärt, Samos bedeute Hügel. Die höchsten Erhebungen befinden sich im Westteil der Insel. Nach Osten offen, schützt sie sich gegen Westen durch die Bergkette Kerketeos, die 1400 m Höhe erreicht und steil ins Meer abfällt.

Samos umfaßt knapp 500 km², ist also ein Krümel, gemessen an den großen Imperien. Doch die Bedeutung der Insel übertrifft ihre natürlichen Ausmaße.

Um das Jahr 1000 v. Chr. von Griechen besiedelt, wurde Samos lange vor der Zeit athenischen Glanzes zum Zentrum der ionischen Kultur. Die großen Sakralbauten entstehen im 8. Jahrhundert, unter ihnen das riesige Heraion. Dieser Tempel, im 7. Jahrhundert erneuert und danach um 560 von den Architekten Rhoikos und Theodoros umgebaut, war das größte Heiligtum des damaligen Griechenland und hatte imponierende Maße: 102 m Länge bei 52 m Breite. Zu Herodots Zeiten galt die amphitheatralisch am Meer gelegene Hauptstadt der Insel als eine der schönsten Städte der Welt.

Als Athen erst über wenige Schiffe verfügte, beherrschte die mächtige samische Flotte uneingeschränkt das Ägäische Meer und gelangte bis nach Sizilien, Epirus und bis zu den zahl-

reichen eigenen überseeischen Kolonien. Die Herrscher von Samos unterhielten gute Beziehungen zu Ägypten und wurden von den östlichen Satrapen als gleichberechtigt behandelt.
Samos – das Vaterland großartiger Baumeister, Ingenieure und Künstler. Hier wirkte eine berühmte Bildhauer- und Keramikerschule, gerade hier wurde die Kunst des Eisen- und Bronzegusses zur Perfektion gebracht. Unvergleichlich war der Ruf der samischen Architekten. Noch heute kann man eine durch den Felsen geschlagene Wasserleitung bewundern, die aus Polykrates' Zeiten stammt. Als Dareios beschloß, eine Brücke über die Donau zu schlagen, vertraute er die Bauaufsicht samischen Architekten an.
Polykrates, der Tyrann von Samos, war Sohn eines Kaufmanns, Feind der Aristokraten, Mäzen der Künste. An seinem »Renaissance«-Hof weilten so hervorragende Dichter wie Anakreon und Ibykos. Die Geschichte hat auch die Namen vieler berühmter samischer Maler überliefert: Kalliphon, Theodoros, Timotes, Agatharchos. Der letzte wirkte in Athen und führte nach der Überlieferung die Malerei in das Theater ein (er ist auch der Verfasser einer nicht erhaltenen Abhandlung über die Bühnendekoration).
Auf Samos sind die Philosophen Pythagoras und Melissos sowie die Historiker Pageos und Duris geboren.
Diese Liste samischer Berühmtheiten könnte man erheblich ausweiten. Man müßte sie mit Hera beginnen, die hier am Ufer des Flusses Imbrasos geboren sein soll.

Lassen wir die übliche Beschreibung alter Steine beiseite. Der Grund ist ganz einfach: ich kenne die Insel nicht aus eigener Anschauung, wenn man von einer Postkarte aus der Zeit vor dem Ersten Weltkrieg absieht. Darauf ist eine dorische Säule ohne Kapitell zu sehen, verlassen wie ein Fabrikschornstein in ausgetrockneter Landschaft, vor dem Hintergrund des verbrannten Himmels.
Wenden wir uns einer Episode zu, die als Revolte oder Ab-

fall von Samos in die Geschichte einging. Sie umfaßt den kurzen Zeitabschnitt der Jahre von 440 bis 439 v. Chr. und wird von zahlreichen Historikern als Randerscheinung der griechischen Geschichte behandelt. Uns dagegen erscheint dieses Ereignis wesentlicher und folgenschwerer, als das aus den Schilderungen der Spezialisten hervorgeht.

Wir werden uns bemühen, aus widersprüchlichen Quellen und Berichten diese Vorgänge zu rekonstruieren, ohne unsere Sympathie für die Besiegten zu verhehlen.

Samos und Milet, die beiden prächtigen ionischen Städte, lagen unablässig in Fehde. Der Zankapfel war die Vaterstadt des Bias, eines der sieben Weisen, Priene, unweit der Mündung des Mäander an der Küste Kleinasiens gelegen. Die Streitigkeiten der griechischen Städte erinnern an Familiengezänk; es ist schwierig, zu den wesentlichen Gründen vorzustoßen und festzustellen, wer »angefangen« hat. Die beiden zerstrittenen Parteien gehörten dem Delischen Bund an, der später Attischer Seebund genannt wurde. Formal waren alle Bundesmitglieder – und es gab deren über zweihundert – gleichberechtigt und verfügten über eine Stimme bei den Sitzungen des Bundesrats. In Wirklichkeit besaß Athen auf Grund seiner faktischen Kräfteüberlegenheit die entscheidende Stimme.

Im Streit zwischen Samos und Milet gebot die Vernunft Athen, sich auf die Schiedsrichterrolle zu beschränken und keine der beiden Seiten zu unterstützen. Es ist schwer zu erklären, warum sich Perikles, immerhin ein erfahrener Politiker, in das gefährliche Spiel hineinziehen ließ – sofern wir nicht Plutarchs klatschsüchtiger Information folgen, das sei unter dem Einfluß der Aspasia geschehen, die aus Milet stammte. Wie dem auch sei, Athen wandte sich gegen Samos und sprach Milet die umstrittene Stadt Priene zu. Die Samier fühlten sich ungerecht behandelt und nahmen die Entscheidung nicht an. Athens eigenmächtige Politik beeinträchtigte ihre Position als selbständiger Staat. Gerüchte gingen um, die Regierung von Samos werde nicht nachgeben, sondern um ihre Rechte kämpfen, ja sogar aus dem Attischen Bund austreten; das wäre ein gefährlicher Präzedenzfall geworden, weil dieser Schritt eine Kette von Auflehnungen anderer griechischer Städte gegen die Athener hätte nach sich ziehen können. Deshalb beschloß Perikles, schnell und entschieden zu handeln, das heißt die Politik der Intervention anzuwenden.

Im Sommer 440 verließ ein Expeditionskorps in Stärke von vierzig Trieren den Hafen Piräus, um die Meuterer niederzuwerfen.

Der erste Akt des samischen Dramas spielte sich blitzschnell ab. Die überraschte Insel fiel in die Hände der Athener; diese lösten die bestehende Regierung auf und setzten eine neue ein, die Gehorsam versprach, ließen eine Garnison auf der Insel zurück, nahmen fünfzig der angesehensten Bürger und ebenso viele Kinder als Geiseln mit und brachten sie nach Lemnos.

Die Angelegenheit schien endgültig erledigt zu sein. Perikles' Apologet sagt, die Athener hätten auf Samos eine demokratische Regierung eingesetzt und seien nach Athen zurückgekehrt. Das klingt so glatt wie ein Bericht über einen Schulausflug.

Einige Samier waren indessen vor der Invasion nach Kleinasien geflohen und hatten am Hof des Pissuthnes, des Militärbefehlshabers von Sardes, Hilfe gesucht. Nachdem sie etwa 700 Mann Verstärkung gesammelt hatten, landeten sie nachts auf der Insel, stürzten die aufgezwungene Regierung, holten die Geiseln aus Lemnos zurück und übergaben die athenische Besatzung in die Hände der Perser.

Aus einer kleinen Episode, wie sie in der griechischen Geschichte immer wieder vorkommt, war eine ernste Angelegenheit geworden, zumal sich den Aufständischen Byzantion anschloß, eine zwar am Nordrand der griechischen Welt gelegene Kolonie, aber ein handelspolitisch und strategisch

wichtiger Punkt. Perikles beschloß daher, rücksichtslos vorzugehen, noch ehe eine Koalition gegen Athen sich bilden könne.
Das Jahr 440 brachte auch das zweite Interventionsunternehmen gegen Samos. Die Operation hatte einen größeren Zuschnitt, nicht nur weil an ihr mehr Flotteneinheiten teilnahmen als an dem ersten Zug, sondern auch – und das ist ein politisches Moment – weil auf seiten Athens Bundesgenossen mitwirkten. Charakteristisch ist Thukydides' Bemerkung, Perikles habe Kriegsschiffe nach Chios und Lesbos entsandt, um diese Inseln zur Teilnahme am Krieg aufzufordern. Die Aufforderung muß also ziemlich kategorisch gewesen sein.
Parallel zu den Kriegshandlungen führte Perikles mit der ihm eigenen Geschicklichkeit eine diplomatische Aktion durch, deren Ziel es war, Samos auf der – wenn man so sagen darf – internationalen Arena zu isolieren, damit der ganze Konflikt in innergriechischen Grenzen blieb. Daß er den persischen Satrapen für ihre Neutralität gewisse Summen zukommen ließ, die aus dem Bundesschatz stammten (der Führer Athens rechtfertigte vor der athenischen Volksversammlung derartige Ausgaben mit der schlichten Formel »für unerläßliche Zwecke verwandt«), hält sich im Rahmen des Akzeptablen. Daß er den Persern aber griechische Gebiete an der karischen Küste abtrat, sprengt diesen Rahmen erheblich.
Der zweite samische Krieg wurde mit wechselndem Glück geführt. Perikles brach mit sechzig Schiffen gegen die Insel auf und lieferte der feindlichen Flotte eine siegreiche Schlacht bei der Insel Tragiai. Der Gegner aber war militärisch nicht überwunden, sein Widerstandsgeist nicht gebrochen, obwohl die Truppen Athens auf Samos landeten und eine langfristige Belagerung der Stadt sowie eine Seeblockade begannen. Der Interventionsflotte kamen vierzig Schiffe aus Athen und fünfundzwanzig aus Chios und Lesbos zur Hilfe.
Als Perikles die Nachricht erhielt, phönizische Schiffe nahten zum Entsatz der Insel (eine Falschmeldung, denn Samos war

während des gesamten Konflikts total isoliert), nahm er sechzig Schiffe aus der Blockadeflotte und fuhr mit ihnen die karische Küste entlang, um den Phöniziern den Weg abzuschneiden.
In diesem Augenblick schritten die Belagerten zum Gegenangriff. Bei einem unerwarteten Ausfall, der die Athener völlig überraschte, konnten sie die Bewachungsschiffe zerstören, den Gegner in einer siegreichen Landschlacht schlagen und viele Gefangene machen. Das Meer war wieder frei, man konnte sich mit Lebensmitteln und Kriegsmaterial versorgen. Der Himmel über Samos hatte damals die Farbe der Hoffnung. Das dauerte ganze vierzehn Tage.
Perikles kehrte mit seiner Flotte zurück, und wieder begann die uneingeschränkte Blockade. Aus Athen, Chios und Lesbos trafen neue starke Hilfskräfte ein, neunzig Schiffe an der Zahl.
Im neunten Belagerungsmonat ergab sich die vom Krieg erschöpfte Insel. Das geschah im Frühjahr 439.
Die Kapitulationsbedingungen waren unsagbar schwer. Die Samier mußten ihre Wehrmauern schleifen, die Flotte ausliefern, Geiseln stellen und als Kriegskosten die wahnwitzige Summe von fast achteinhalb Millionen Drachmen zahlen. Auch wurde auf der Insel eine Garnison eingerichtet, und Samos verlor seinen Status als verbündete Stadt.
Unter den athenischen Strategen, die an dem Kriegszug teilnahmen war ein Mann, der seinen Ruhm nicht militärischer Überlegenheit, sondern Fähigkeiten verdankte, die mit dem Geist des Krieges in Widerspruch stehen. In Griechenland war der Beruf eines professionellen Generals unbekannt. Das erklärt, warum Sophokles der zweifelhaften Ehre teilhaftig wurde, als Stratege an diesem brudermörderischen Krieg teilzunehmen, und zwar gerade wegen des Erfolges, den seine »Antigone« auf dem Theater errungen hatte. Man weiß nicht genau, ob der Dichter ein guter Anführer war. Antike Klatschbasen haben eine Anekdote überliefert, aus der her-

vorgeht, in diesem Krieg habe ihn am meisten die Teilnahme zahlreicher junger Männer erregt.

Auf der anderen Seite der Front befand sich der Philosoph Melissos, Sohn des Ithagenes. Seine taktischen Fähigkeiten, seine überraschenden Aktionen, seine blitzschnellen Ausfälle sicherten ihm sogar im gegnerischen Lager respektvolle Anerkennung. Wie gesagt, Melissos war von Beruf Philosoph und – das ist noch seltsamer – ein Anhänger der Doktrin des Parmenides, wonach es nur ein einziges, ewiges, unbegrenztes, unendliches und unbewegliches Sein gibt. Gemäß der Doktrin seines Meisters war Melissos der Ansicht, jede Veränderung, jeder Widerstand, jede Bewegung sei nichts als Schein. Trotzdem war er ein Anführer von Fleisch und Blut, und seine Kriegsführung bestand keineswegs aus Scheingefechten.

Ja, dieser Krieg war kein Dialog eines Dichters mit einem Philosophen. Er war voll wirklichen Sterbens, wirklicher Wunden, wirklicher Tapferkeit und wirklicher Feigheit. Wir stellen uns die antiken Schlachten wie Opernszenen vor, nicht wirklich ernst, und der historische Film hat viel dazu beigetragen. Da rennen auf beiden Seiten Männer in komischen Kostümen herum und schwingen anachronistische Mordwerkzeuge. Das Blut von damals hat für uns die Farbe abgeblaßter Fresken.

Wir kennen nicht einmal annähernd die Zahl der Gefallenen, und kennten wir sie, bliebe womöglich unsere mit großen Zahlen gefütterte Phantasie, unsere durch so viele Kriege des weißen Mannes abgestumpfte Sensibilität ungerührt.

Der samische Krieg verlief nicht ohne barbarische Grausamkeiten, die beide Seiten, die Sieger und die Besiegten, sich gegenseitig vorwarfen. Wie Plutarch angibt, brannten die Samier den athenischen Gefangenen das Zeichen der Eule auf die Stirn, wofür die Athener sich revanchierten, indem sie die gefangenen Verteidiger der Insel mit dem Brandmal der Samaina zeichneten, des berühmten Kriegsschiffes mit dem

emporgerichteten Bug in Form eines Schweinerüssels und dem ausgebauchten Rumpf.
Der Historiker Duris (allerdings kein Zeitgenosse der Geschehnisse) teilt mit, die Kommandanten der samischen Schiffe seien nach dem verlorenen Krieg nach Milet geschafft worden. Dort wurden sie hingerichtet. Man hielt sie auf dem Marktplatz zehn Tage lang an Kreuze gebunden. Als sie völlig erschöpft waren, schlug man ihnen mit Knüppeln die Köpfe ein und ließ die Leichen liegen, ohne sie zu bestatten. Duris stammte aus Samos. Perikles' Apologet sagt, er habe die Unglücksfälle seiner Vaterstadt übertrieben, um die Athener in Verruf zu bringen.

Perikles kehrte im Siegerkranz nach Athen zurück. Der Ausdruck ist selbstverständlich metaphorisch gemeint und römischem Brauch entnommen. Immerhin, die Begeisterung der Menge war unerhört und laut wie immer dann, wenn der Sieg zweideutig ist. Die Historie überliefert eine bezeichnende Episode, deren Heldin Elpinike ist, eine damals über siebzigjährige Greisin, Schwester des Kimon und Witwe des Kallias. Sie muß eine ungewöhnliche Frau gewesen sein; man erzählte sich unglaubliche und verleumderische Geschichten über ihr Leben, gewiß weil sie überdurchschnittlich mutig und intelligent war. Entgegen den Sitten der athenischen Frauen reichten ihre Interessen weit über Haus und Herd hinaus. Sie wagte es – gewiß erregte das heiliges Grausen –, in öffentlichen Angelegenheiten das Wort zu ergreifen, was den Männern vorbehalten war. Man sagte von ihr unter anderem, sie habe die Rolle des Vermittlers bei dem kurzen »Waffenstillstand« zwischen Kimon und Perikles im Jahre 461 gespielt.
Inmitten der allgemeinen Begeisterung also, während die Frauen Perikles »wie einen siegreichen Wettkämpfer« mit Kränzen und Bändern schmückten, trat Elpinike auf ihn zu und sagte:

»Wahrlich, Perikles, du verdienst Bewunderung und Kränze, weil du uns um so viele tapfere Bürger gebracht hast, und zwar nicht im Kampf gegen Phönizier und Perser wie mein Bruder Kimon, sondern durch Unterwerfung einer mit uns verbündeten und verwandten Stadt!«
Perikles, laut Plutarch, zog sich mit einem Archilochos-Zitat aus der Klemme, das weder passend noch besonders galant war. »Wer so alt ist wie du, sollte sich nicht mehr mit Wohlgerüchen salben.«
Nicht alle Menschen in Athen sahen so klar wie die Kassandra Elpinike. Die stürmischen Wellen des Peloponnesischen Krieges näherten sich den Mauern der Stadt. Athen hatte nur wenige Jahre Zeit für den Traum von der Macht. Nur scheinbar ging alles gut auf dieser besten aller Welten. Samos war, ähnlich wie einige Jahre zuvor Euböa, besiegt und gedemütigt worden, doch der Haß gegen die Sieger wuchs, besonders im Osten des Imperiums, nach der schändlichen Übergabe griechischen Bodens an die karischen Perser.
Und Marie Delcourt, Autorin einer ausgezeichneten Perikles-Biographie, hat wohl recht, wenn sie sagt, mit diesem scheinbar so geringfügigen Krieg habe eben der Niedergang des Seebundes und auch die Abenddämmerung der perikleischen Politik begonnen.

Zweck des nach der Schlacht von Salamis gegründeten Attischen Bundes war, wie wir wissen, die Befreiung der ionischen Städte und ihre Sicherung gegen die Invasion der Perser. Als jedoch die Gefahr eines Angriffs der Barbaren vergangen war, wurde der Bundesschatz von Delos nach Athen gebracht und als Instrument athenischer Politik benutzt. Die Institution überdauerte den Zweck, zu dem sie geschaffen worden war, eine nicht nur aus der antiken Geschichte bekannte Erscheinung.
Ein grundsätzlicher Makel dieses immerhin freiwilligen Bundes war, daß man aus ihm nicht austreten konnte, ohne einen

Krieg zu riskieren. Die verbündeten Stadtstaaten mußten faktisch die Vormacht Athens anerkennen, was man am besten im Bereich der wirtschaftlichen Druckmittel beobachten kann.

Die Mehrzahl der Städte steuerte zu dem gemeinsamen Schatz ein bis zwei Talente jährlich bei, eine tragbare Summe also, besonders wenn man die Inflation berücksichtigt. Doch konnte dieser Betrag beliebig erhöht werden, und der Samos nach der mißglückten Rebellion auferlegte Tribut wurde auf 80 Talente jährlich festgesetzt, dazu kamen die Kriegskosten in Höhe von 1000 Talenten, welche die Meuterer den Athenern bezahlen mußten – was selbst für den reichsten Stadtstaat eine ruinöse Belastung war. Aus den gleichen Gründen (Aufstand gegen Athen) zahlte Ägina 30 Talente. Nach einiger Zeit wurde der Tribut auf 13, ja sogar auf 8 Talente ermäßigt. Man kann das in der Praxis nicht anders nennen als eine Prämie für erwiesene Loyalität.

Die Eigenmächtigkeit bei der Festsetzung der finanziellen Leistungen war nicht nur ein Instrument athenischer Politik, sondern kam auch dort vor, wo politische Faktoren keine Rolle spielten. Es ist unerklärlich, warum Thasos 30, das erheblich reichere Byzantion aber nur 15 Talente zahlte. Diese steuerliche Willkür trug gewiß nicht zur Popularität der Athener bei.

Der Komödiendichter Telekleides sagt, die Athener hätten Perikles überlassen

»der Städte Steuern und die Städte selbst, sie zu binden und zu lösen,
Steinerne Mauern, teils sie zu bauen, teils auch sie niederzureißen,
Bündnisse, Truppen und Macht, ihren Reichtum, das Glück und den Frieden«.

Was Menschen und Völker am schwersten verzeihen, wenn sie es überhaupt verzeihen, ist die Demütigung. Die nackte militärische Niederlage auf dem Schlachtfeld wird noch hingenommen, weil man sie auf das Konto der Überlegenheit des Gegners, der Überrumpelung oder der Unfähigkeit der eigenen Anführer schreiben kann. Verletzter Stolz aber verheilt nicht leicht.

Zum Repertoire athenischer Methoden, Besiegte zu demütigen, gehörte neben der Anlage von Militärkolonien im Land des unsicheren Verbündeten die Schleifung der Mauern einer eroberten Stadt. So war es in Samos und Ägina geschehen. Eine Stadt ohne Mauern war gewissermaßen der Lächerlichkeit preisgegeben, angewiesen auf den aufgezwungenen Schutz des Protektors und jeder Verteidigungsmöglichkeit gegen Angreifer beraubt. Eine ebenso absurde wie kurzsichtige Politik. Alkibiades, ein Verwandter des Perikles, kannte sich in diesen Dingen besser aus, als er 417 v. Chr. mit Argos über ein Bündnis verhandelte und lange Mauern zu bauen versprach, die nach Athener Muster die Stadt mit dem Meer verbinden sollten. Niemand gab sich wohl der Täuschung hin, Alkibiades habe Argos oder später Patras mit uneigennütziger Liebe behandelt. So hatte Athen also im Kampf gegen Samos gesiegt, aber dieser Sieg blieb moralisch und politisch fragwürdig. Die offizielle Begeisterung war gewaltig. Perikles, schreibt Ion, fühlte sich ungewöhnlich stolz, als er sagte, Agamemnon habe zehn Jahre gebraucht, um eine Barbarenstadt zu erobern, er aber habe die führende und mächtigste jonische Stadt binnen neun Monaten erobert. Der Gerechtigkeit halber fügen wir hinzu, daß dieses ausschweifende Eigenlob nicht ganz mit dem übereinstimmt, was wir von Perikles wissen, man sollte es einem Schmeichler von der Straße zuschreiben.

Athen war nicht nur Wiege der Demokratie, sondern auch Heimat der Rhetoren und der Sophisten. Wenn man mit einer Sache, die moralische Vorbehalte wecken könnte oder geradezu moralisch verwerflich ist, nicht fertig wird, muß man einen Begriff erfinden, der das Böse verschleiert. In solchem Vorgehen sind Elemente der Magie erkennbar, der Glaube, nicht nur Dinge und Ereignisse bildeten den Kern der Welt, sondern das Wort besitze eine konstitutive und kreative Macht. Jacob Burckhardt erwähnt in seiner »Griechischen Kulturgeschichte« mit Bewunderung, aber auch mit Ironie die athenische Fähigkeit, von den schlimmsten Dingen mit behutsamer Feinfühligkeit zu reden, die Begabung im Erfinden von Euphemismen. So nannte man das Gefängnis – Wohnung, den Tribut – Aufpreis, die Okkupation – Schutzmaßnahme.

Die überlieferte Stimme der öffentlichen Meinung war die attische Komödie, eine künstlerische Verwirklichung des Grundsatzes vom Recht der Bürger eines demokratischen Staates auf Kritik an Politikern und Institutionen. Es stimmt nachdenklich, daß zu den unmittelbaren Folgen des samischen Krieges die Einführung der Zensur gehört, der ersten in der Geschichte Athens, die den Komödienschreibern untersagte, Personen mit ihren wirklichen Namen auf die Bühne zu bringen. Diese Einzelheit ist keinesfalls ohne Bedeutung. Sie zeugt vom Beginn einer tiefen inneren Krise. Die drastische Einschränkung der Meinungsfreiheit beweist, daß die Stimmung der Bevölkerung in Wirklichkeit anders sein mußte als der offizielle Enthusiasmus und Optimismus. Es ist mehr als wahrscheinlich, daß kritische Stimmen laut wurden und Elpinike, ein schönes Beispiel staatsbürgerlichen Gewissens, keine Ausnahme war.

Die Historiker nehmen Perikles in Schutz und sagen, nicht er sei der Verfasser des Zensurdekrets gewesen.

Das Vaterland der Demokratie? Ja, im Meer der Barbarei war Athen dennoch das Vaterland der Demokratie, obwohl es manchmal anderen seinen Willen aufzwang; es hatte sein Ideal vor Augen, seine Mission, seinen einzig richtigen Weg, auf dem es die zerstrittene kleine Welt der griechischen Partikularismen zu führen bemüht war.

Es war nicht unsere Aufgabe, dem Leser jenen zweifelhaften Trost darzureichen, es gebe in der Geschichte keine reinen Dinge, unter dem Schlagwort der Freiheit verberge sich oft die Gewalt, was manchen als eine bequeme Rechtfertigung für ihren gegenwärtigen wie früheren Wort- und Machtmißbrauch erscheint. Denn wenn selbst Perikles gelegentlich »Imperialist« war ...

Welchen Nutzen aber hat die Erinnerung an diese Affäre, welche Moral folgt aus dieser Geschichte von der Unterwerfung der Insel Samos? Ich meine, folgende: Invasoren, die aus dem Krieg zurückkehren, bringen in den Falten ihrer Uniformen, an den Sohlen ihrer Stiefel den Erreger mit, an dem ihre eigene Gesellschaft, ihre eigene Freiheit erkranken wird.

Die Geschichte der Minotaurus

Die noch nicht entzifferte Linearschrift A überliefert die wirkliche Geschichte des Fürsten Minotaurus. Er war – wider die späteren Gerüchte – Sohn des Königs Minos und der Pasiphaë. Der Junge kam gesund, allerdings mit einem unnatürlich gewaltigen Kopf zur Welt – was die Wahrsager als ein Zeichen künftiger Klugheit zu deuten wußten. Minotaurus entwickelte sich in der Tat mit den Jahren zu einem kräftigen, etwas melancholischen – Trottel. Der König beschloß, ihn dem geistlichen Stande zu überlassen. Aber die Priester wandten ein, ein irrer Fürst stünde ihnen schlecht, dadurch litte die sowieso schon – durch die Erfindung des Kreises – lädierte Autorität der Religion noch ärger.

Also ließ Minos den Ingenieur Dädalus kommen, den Begründer der vielgerühmten pädagogischen Architektur, der in Griechenland gerade Mode war. So war das Labyrinth entstanden. Durch das System der Korridore, von den einfachsten bis zu immer komplizierteren, durch Unterschiede der Ebenen und Treppen der Abstraktion sollte Minotaurus in die Grundlagen des fehlerfreien Denkens eingeführt werden.

Der unglückselige Fürst taumelte, von Präzeptoren angetrieben, durch die Korridore der Induktion und der Deduktion, glotzte mit ohnmächtigen Augen die anschaulichen Fresken an und begriff gar nichts.

Als der König Minos alle Mittel erschöpft hatte, beschloß er, sich des Schandflecks seines Geschlechtes zu entledigen. Er ließ (auch aus Griechenland, das wegen seiner begabten Leute berühmt war) den findigen Totschläger Theseus kommen. Und Theseus schlug Minotaurus tot. Darin stimmen Mythos und Geschichte überein.

Aus dem Labyrinth – dem nun überflüssig gewordenen

Abc-Buch – kehrte Theseus zurück, in der Hand den großen blutigen Kopf von Minotaurus mit den glotzenden Augen, in denen zum ersten Mal die Klugheit – das Nebenprodukt der Erfahrung – sich regte.

Nike wenn sie zögert

Am schönsten ist Nike
wenn sie zögert
die rechte hand an die luft gelehnt
herrlich wie ein befehl
aber die flügel zittern

Sie sieht
den einsamen jüngling
der langen spur
des kriegswagens folgen
dem grauen weg in der grauen landschaft
aus felsen und kahlem wacholder

bald wird der jüngling sterben
schon senkt sich die waagschale
seines schicksals

Nike hat große lust
sich ihm zu nähern
und seine stirn zu küssen

aber sie fürchtet
daß er
der die süße der kosung nie empfunden
wenn er sie kennenlernte
fliehen könnte wie die andern
während der schlacht
also zögert Nike
und entschließt sich doch
in jener haltung zu verharren

die ihr die bildhauer beibrachten
beschämt ob dieses augenblicks der rührung

sie weiß
daß man im morgengrauen
den jungen finden wird
mit offener brust
geschlossenen lidern
und mit dem herben geschmack des vaterlands
unter der steifen zunge

Das Labyrinth am Meer

1

Kreta ist ein Land inmitten des weindunklen Meeres,
Schön und ertragreich und wellenumflutet; es leben dort Menschen
Viele, ja grenzenlos viele in neunzig Städten . . .
Unter den Städten ist Knossos, die große, und Minos als König
Pflegte mit Zeus, dem Gewaltigen, Rat, je neun volle Jahre.

Homer

Der Dampfer »Theseus«, der mich nach Kreta bringen soll, ist noch nicht in den Hafen Piräus eingelaufen, und niemand kann sagen, wann das geschehen wird. Normale Fahrpläne sind nicht verbindlich im Vaterland der Mythen, in einem Land, wo die Uhren Jahrtausende abmessen. Mir bleibt nichts anderes übrig als die ländliche Langmut oder eine Wanderung durch die Tavernen des Hafens.

So sitze ich also im Piräus, warte auf den Dampfer und habe nichts anderes zu tun, als die Gesichter zu betrachten. Es sind nicht Gesichter, wie man sie von den griechischen Vasen kennt, und nicht Körper, die, wie ich vermute, den Statuen des Praxiteles ähnlich wären. Die Beimischung von albanischen, bulgarischen und türkischen Elementen ist auffallend und hat die hellenische Schönheit, die der Reisende erwartet, gänzlich verwischt.

Sollte denn Dr. Fellmerayer recht haben mit der Behauptung, die im 7. Jahrhundert nach Chr. beginnenden slawischen Einfälle in Griechenland hätten den ethnischen Bestand seiner Bewohner völlig verändert?

Dabei fällt mir eine Anekdote über Shelley ein. Der große Romantiker arbeitete gerade an seinem Poem »Hellas«, als ihm sein Freund Trelawney die Begegnung mit einem echten Griechen anbot. Beide begaben sich daraufhin nach Livorno, um ein griechisches Schiff aufzusuchen, das überfüllt war von »einer zigeunerähnlichen Menge, die schrie, gestikulierte, rauchte, aß und Karten drosch wie die Barbaren«. Überdies hatte der Kapitän des Schiffes seine Heimat verlassen, weil er zu der Überzeugung gelangt war, der Unabhängigkeitskrieg schade seinem Geschäft.

Ich meine, man müßte aus dieser Anekdote folgenden Schluß ziehen: Die Völker haben wichtigere, ursprünglichere Sorgen als die, das von romantischen Humanisten erdachte Ideal nachzuahmen.

Nach sechs Stunden Warten legt die »Theseus« am Kai an. In die Menge gepreßt, eine meckernde Ziege zwischen meinen Beinen und riesige Bündel über meinem Kopf, dränge ich mich an Deck. Ich fahre durch die schöne Ägäis auf diesem klapprigen Dampfer, der voll ist von Lärm, Schmutz, unerträglichen Gerüchen und herrlichem Leben.

Am frühen Morgen steige ich auf das Oberdeck unseres Schiffes. Auf den teer- und ölverschmierten Planken liegen die Körper der Männer und Frauen so wahllos verstreut, als hätte ein Festmahl mit einem Massaker geendet. Ich wache allein zwischen den atmenden Schläfern. Ich will Kreta aus dem Meer auftauchen sehen.

Hoch über dem nebligen und kaum erkennbaren Horizont ist etwas Undeutliches, eine Trübung im Blau, ein Fleck von grauer Farbe, der Form annimmt und den ich nun deutlich sehe, ein hoch oben hängender Berggipfel wie auf japanischen Landschaftsbildern. Sie ist unsagbar schön – jene ferne Felsspitze, die sich in der Luft über dem Nebel erhebt. Ich sehe weiter, wie der Berg wächst, wie er langsam und majestätisch über Stufen herabschreitet, bis sich vor den Augen eine Bergkette auf das Meer niedersetzt und den Horizont ausfüllt. Und die Insel ist da.

So nahm Kreta für mich seinen Anfang, vom Himmel herab wie eine Gottheit.

Heraklion. Hafen und venezianische Mauer, Bastionen rund um die Stadt der weißen Häuser. Die Stille der geschlossenen Fensterläden.
Ich gehe in die Stadt, die Straße hinauf, die mir endlos lang vorkommt, obwohl der Augenschein dem widerspricht. Die Ausmaße der Welt sind erstarrt, und obwohl ich das Knirschen des Sandes unter meinen Füßen und das Geräusch der eigenen Schritte höre, bewege ich mich wohl überhaupt nicht, bis zum Kopf in Hitze getaucht, in Glanz versunken. Der schmerzhafte Realitätsverlust beginnt. Ich sehe mich jetzt wie im Traum, von außen, ohne die Möglichkeit, mich mit meinem Körper zu verständigen, der sich wie ein Pendel bewegt, reglos, festgenagelt an den weißen Raum, ein für allemal fixiert wie auf einer Photographie, eingefangen in die Falle des Anscheins mit dem schweren Schatten hinter dem Rücken. Jahrelang wird mich dieses Bild verfolgen, und die Erinnerung an den Gang über die alte Handakos-Straße, das Bild des Gefesseltseins – als hätte mich damals in der blendenden Mittagssonne zum ersten Mal der Tod berührt.
Ich mietete mir ein weißes Zimmer mit eisernem Bettgestell, über dem bedrohlich der Drachentöter St. Georg hing, und ging sofort ins Museum, um mich mit Gegenständen, mit vielen Gegenständen zu umgeben, weil ich hoffte, es werde mir gelingen, diese beschämende Episode und das abstoßende Gefühl des Wirklichkeitsverlustes zu vergessen.

II

Das Museum in Heraklion bereitete mir eine Überraschung, und zwar eine von der unangenehmen Art, wie ich sie wohl nie in einem Museum oder angesichts irgendeines Kunstwerks erlebt habe. Ich war damals nicht mehr jung und lechzte nicht nach Originalität, die man bekanntlich am leichtesten als Bilderstürmer erlangt, wenn man gültige Werke mißhandelt und weder Autorität noch Tradition achtet. Eine solche Einstellung war mir stets fremd, ja sogar zuwider, ausgenommen jene kurze Zeit zwischen dem vierten und fünften Lebensjahr, die die Psychologen als Negations-Phase bezeichnen. Stets wollte ich lieben, verehren, hinknien und mich verbeugen vor der Größe, obwohl sie uns übertrifft und überwältigt, denn was wäre das schon für eine Größe, die uns nicht überträfe und nicht überwältigte.

Ich erinnere mich gut an jenen Tag, als ich zwei Stunden vor Toresschluß in das Museum in Heraklion stürzte, die Säle im Parterre mit der Keramik, den kleinen Bronzestatuetten, dem Lehm und den Fayencen, den Siegeln und Gemmen, also mit all dem, was wir der niederen Kunst, der Gebrauchskunst zurechnen, durcheilte (ich Naiver!), als ich mit heftig schlagendem Herzen den ersten Stock erreichte, wo mein Führer, mein unschätzbarer Guide Bleu, mir die Fresken versprach, die ich seit langem von Reproduktionen in zahllosen Kunstgeschichten kannte und die von den Kennern als Meisterwerke der antiken Malerei gepriesen werden.

Und nun? Nichts. Ungerührt und ohne Sympathie sah ich stumpf auf die *Delphine* in Waschblau und auf den *Prinzen im Lilienfeld.* Ich schrieb das zunächst meiner eigenen Indisposition zu, immerhin hatte mich die Fahrt auf der klapprigen »Theseus« ermüdet, ich war betäubt von der Mittagshitze und hungrig, aber nicht hungrig genug, um der Beglückung teilhaftig zu werden.

Vor allem war – so versuchte ich meine Zweifel zu systematisieren – die Farbe der Fresken banal, verdächtig frisch und flach. Die Farbzusammenstellung – aufdringlich plakativ, Ocker, Hellblau und Rot; man könnte das vielleicht zur Not für einen (viel schlechteren) Matisse halten, wäre nicht die Linie ohne Spannung, die Linie, von der mein Zeichenlehrer gesagt hätte, sie sei uuu ... und nicht, wie sich's gehört, ooo und aaa, eine Linie, die als langweilige Kontur die mit einheimischer Farbe bestrichenen Flächen abschloß. Alles das, ohne Tiefe, ohne Ernst und Anmut, ausgenommen die kleinen Gartenfresken und die berühmte *Pariserin*.

Um der versagenden Sensibilität aufzuhelfen, rief ich das Wissen herbei. Ich erinnerte mich daran, was Kenner über die kretische Malerei gesagt haben. Und sie haben klug gesagt, in dieser Kunst manifestiere sich das eidetische Sehen, ähnlich wie in den paläolithischen Fresken Frankreichs oder Spaniens und auch in der Buschmannkunst Rhodesiens.

Es war möglich, ja sogar wahrscheinlich, daß mein instinktiver Widerstand, meine Ablehnung der minoischen Fresken seinen Grund hatte in der plötzlichen Begegnung mit einer Kunst, die in nichts an die mir bekannten ägyptischen, etruskischen oder pompejanischen Wandmalereien erinnerte. Denn in der Tat, die Malerei der kretischen Künstler scheint eine Kunst ohne Analogie zu sein.

Also – dachte ich – hat G. A. Snijder sicherlich recht: Die Kreter waren Eidetiker. Diese (bei Kindern weit verbreitete) besondere Art, die Welt zu sehen und sie dementsprechend wiederzugeben, kann man auch an sich selbst feststellen, wenn man in die Sonne oder eine brennende Lampe schaut und den Blick dann auf eine leere Wand richtet; man sieht eine pulsierende rote Silhouette der Lampe oder der Sonne. So etwa nehmen eidetische Menschen die Wirklichkeit wahr, und mit diesem Phänomen, dieser Begabung oder diesem Gebrechen hat Snijder versucht, die Besonderheiten der kretischen Kunst zu erklären; ihre erstaunliche Leichtigkeit beim Einfangen bewegter Gestalten in einer Kontur, eine Leichtigkeit, mit der eine gewisse Schwäche einhergeht, als wäre der Umriß der Gegenstände von einer ohnmächtig werdenden Hand herausgeholt, ebenso der Mangel an Knochengerüst, Fleisch, Materie, Struktur (so herrlich wiedergegeben in der Renaissance-Malerei), jene Substanzlosigkeit der Menschen, Tiere und wurzellosen Pflanzen, die den Gesetzen der Schwerkraft nicht unterliegen, die in der Luft schweben.

So war es, die Fresken im Museum von Heraklion sprachen mich nicht an. Ich beroch sie wie trockene Knochen und stellte mühelos fest, daß sich auf ihrer Oberfläche rissige Verdikkungen von unbestimmter Farbe befanden; sie bildeten nur einen kleinen Teil der Freskenoberfläche und waren, wie ich später erfuhr, die einzigen Fragmente der Originale. Vom *Prinzen im Lilienfeld* oder vom *Priesterkönig* war ein Stück Wade, Rumpf, Arm oder Federbusch erhalten. Alles andere war Rekonstruktion, Vermutung, Phantasie. Als ob jemand zwischen die aufgefundenen Bruchstücke eines antiken Epos seine eigenen Worte geschrieben hätte.

Als ich dann die einschlägige Literatur durchstöberte, wurde mir die Sache klar. Die Wandmalereien, die beim Ausgraben des Palasts von Knossos vor den Augen der Archäologen erschienen, befanden sich in einem sehr schlechten Zustand, waren mit einer Ascheschicht bedeckt und zerfielen bei der geringsten Berührung zu Staub. Leonard Cottrell sagt in seinem Buch *The Bull of Minos*, Sir Arthur Evans, der Entdecker von Knossos, habe »einen bedeutenden schweizerischen Künstler, M. Gilliéron, zugezogen, der die außerordentliche Fähigkeit besaß, die winzigen Fragmente geduldig zusammenzusetzen und mit feinem künstlerischem Empfinden und großer Genauigkeit das Fehlende wiederherzustellen. Aus diesen Bestandteilen schuf er seine Reproduktionen, die an der Stelle der Originale angebracht wurden.«

Es ist mir nicht gelungen, irgendwo auf die eigenen Arbeiten des Meisters Gilliéron oder auch nur auf eine Notiz über diesen Künstler zu stoßen, doch habe ich den Verdacht, daß Evans ihn nicht wegen der von Gottrell gepriesenen angeblichen Talente engagiert hatte, sonder weil er der Vision des Entdeckers gehorsam folgte. Ich verstehe nicht recht, warum die Phantasien des Schweizers über die kretischen Fresken in den Lehrbüchern für Kunstgeschichte als Originale dargestellt sind.

Im Verhältnis zu anderen aufgefundenen Gegenständen der kretischen Kunst gibt es nur wenige mionische Fresken, und sie sind in rudimentärem Zustand auf uns gekommen, verbrannt und durch die zweifelhaften Eingriffe der Konservatoren entstellt. Obwohl diese Kunst mit Sicherheit weniger großartig war als die ägyptische, trägt sie dennoch den Stempel unwiederholbarer Originalität.

Weiß, Hellblau, Grau, Gelb, Schwarz, Rot und Grün – das war die »Palette« der Maler von Kreta und vom Nil. Aber die Unterschiede sind wesentlicher als die Ähnlichkeiten.

Die Minoer malten auf noch feuchten Wänden, während die Ägypter die Tempera-Technik anwandten. Die beiden Methoden ziehen erhebliche Konsequenzen nach sich. Die erste verlangt Schnelligkeit, Entschlossenheit, Weglassen von Einzelheiten und nähert sich der Improvisation; die zweite läßt die Retusche, die Verbesserung zu, sie ist konzentrierter, langsamer und kontemplativer.

Die Malerei der Ägypter, ihre gesamte Kunst stand wie wohl keine andere auf der Erde im übermächtigen Bannkreis der Metaphysik. Dabei sind die banalsten Szenen aus dem Alltagsleben – Wildenten im Röhricht, Karpfen im Fischteich – dennoch mit einer fast wissenschaftlichen Genauigkeit gemalt, so daß wir ohne Schwierigkeit die Art der Tiere und Pflanzen, die die anonymen ägyptischen Meister dargestellt haben, unterscheiden. Wie läßt sich diese beunruhigende Mesalliance des Naturalismus mit den erhabenen Dingen des Geistes erklären?

Jene kleinen, idyllischen Szenen der Ägypter werden fast immer von einem Zeichen, einer Inschrift, einer Hieroglyphe begleitet, die aussagt, daß es hinter dem bunten Vorhang des Lebens eine strenge und einzigartige Welt gibt, die Welt der Götter und der nach Unsterblichkeit suchenden Seelen. Nicht immer ist die realistische Genauigkeit Ausdruck freudiger Lebensbejahung, Lob der sichtbaren Wirklichkeit. Die Lotosblüte, peinlich genau abgemalt, wie im Naturkundebuch, die präzis gezeichnete Hand auf den Harfensaiten, die Feder der Wildente – sie bedeuten weder Lob noch Bejahung. Sie

sind da, damit man aus diesen Fragmenten die reine Melancholie der Vergänglichkeit ablesen konnte.
In der kretischen Malerei gibt es weniger Kraft und Erhabenheit, die philosophische Nachdenklichkeit oder die religiöse Ekstase sind ihr fremd. Sie erinnert an das leichtfertige und flatterhafte Rokoko. Es ist eine spontane, nervöse, ungestüme Kunst, so wenig um das Detail bemüht, daß Vögel, Fische und Blumen gewissermaßen die allgemeine Idee der Natur ausdrücken; manchmal fällt es sehr schwer zu sagen, zu welcher Art sie gehören. Dennoch spürt man in all dem den belebenden Hauch der vergötterten Natur, den Charme, das Lächeln und die Tanzgeste.
Der Gesamtbestand der minoischen Malerei, beinahe alles, was den Brand überdauert hat, befindet sich in dem modernen, lichterfüllten Museum von Heraklion, die Fresken im ersten Stock, in dem Saal mit dem Buchstaben K. Es sind nicht viele, alles zusammen 38, von verschiedener Größe, winzige von 17 bis 80 cm Höhe und große Prozessionsgemälde, wo die wiedergegebenen Gestalten fast natürliche Maße erreichen.
Wir wissen, daß die Malerei, mindestens in einer bestimmten Epoche, auf Kreta sehr verbreitet war und die Wände zahlreicher Paläste und Villen bedeckte. Die minoischen Künstler malten sowohl, wie wir heute sagen würden, »abstrakte« Dekorationsmotive, Ornamente, Architekturen, Säulen, Portici, stilisierte Pflanzen, als auch Tiere, Menschen, Landschaften, direkt der Welt rundum entnommen. Die Bezeichnung »nach der Natur gemalt« hat in bezug auf die kretischen Künstler wenig Sinn, sie hatten sich bestimmt keine Modelle zum Kopieren aufgestellt; sie trugen die Modelle in sich, einen unerschöpflichen Vorrat an Formen und Farben, sie waren das Medium, das den hindurchfließenden Strom der bunten Welt überliefert. Als hätte es damals keine Unterteilung in Subjekt und Objekt gegeben, stand der Künstler der Natur, die er mit Hilfe der Geometrie zu ergründen suchte, nicht ge-

genüber, er war vielmehr ein Bruchstück des Kosmos wie der Baum, das Wasser und der Stein, ein Treffpunkt der Elemente, und es wäre ihm nie eingefallen zu denken, er sei ein Schöpfer, ein besonderes und inspiriertes Wesen.

Nur wenige Kunstwerke sind in Glanz und Glorie auf uns gekommen. Man kann sich nur wundern (und es ist eine freudige Verwunderung), daß so viele Zeugnisse menschlicher Sensibilität und Genialität erhalten geblieben sind. Im Garten der Kunst steht das große Spital der verletzten und sterbenden Formen. Die mächtigen Mühlsteine der Zeit arbeiten unerbittlich. Während ich also durch die Säle des Museums in Heraklion wie durch Spitalsäle ging, bemühte ich mich, in den alten Fresken – den Zauber der Jugend wiederzufinden. Ähnlich wie Kranke erwarten sie unser Mitgefühl und Verständnis. Wenn wir es ihnen versagen, gehen sie fort und lassen uns einsam zurück.

Der blaue Vogel wurde in dem sogenannten »Haus der Fresken« in Knossos gefunden und stammt aus der Zeit um 1600 v. Chr., also aus der mittelminoischen Zeit. Chronologisch ist er eine der ältesten kretischen Malereien.

Aus dem dunkelbraunen Fleck des Felsens wächst, summarisch gemalt wie auf Volkskunst-Töpfen, ein blauer Vogel, der anscheinend auf einem Stein sitzt, mit gestrecktem Hals, hochgerichtetem Kopf und einem runden, glasperlenartigen, gelben Auge. All das geschieht in einem unrealen Raum, wo die drei Aggregatzustände der Materie unablässig ineinander übergehen und sich vermischen, der Felsen mit dem Wasser, das Wasser mit der Luft. Und dazu noch Pflanzen, Irisbüsche, Schilf, offene Kelche unbekannter Blumen schwingen in verschiedene Richtungen wie Notenlinien, wie Landschaftsnoten. Der Vogel trinkt Wasser und lauscht dem Gesang der Pflanzen. Die Entdecker waren begeistert von dieser Szene am Bach, ein kleines Bild, eine Idylle ohne mythologischen Kommentar, ohne böse Dämonen, ein dem Tod entrissenes Preislied auf das ewige Leben.

Wie ganz anders ist das in der sogenannten »Wachstube« am Nordeingang des Palastes von Knossos entdeckte Stuckrelief. Das mit dunklem, verbranntem, in Braun übergehendem Rot gemalte Porträt eines im Profil gesehenen Stiers. Gewiß handelt es sich um eine Bändigungsszene (wie sie auch auf dem Becher aus Vapheio eingegraben ist), was die herausgeschobene Zunge zu bezeugen scheint, die vor Wut halbgeschlossenen Augen und die weit geöffneten, den nahenden Feind witternden Nüstern. Der Körper des Stiers ist in Bewegung, in gestrecktem Galopp. Es ist eine Studie der Kraft, eine Fuge der Wut, die an die Fresken von Lascaux erinnert. In der zarten kretischen Welt ist dieser angreifende Stier eine Ausnahme; er läßt an die Romantiker denken, und Delacroix hätte ihn gewiß mit Vergnügen kopiert.

Die *Delfine,* ein großes Fresko in gedämpfter Hellblau-Ocker-Tönung, hat Anerkennung gefunden vor den Augen Nikolaos Platons, des Ephoren oder Direktors des Museums in Heraklion, der übrigens die konservatorischen Maßnahmen des Evans-Teams kritisch betrachtet. Hier, stellte er fest, sei genau restauriert worden. Mich hat dieses »Gruppenporträt« nicht begeistert; die Farben sind süßlich fade, die Linien manieristisch, aber man muß bedenken, daß dieses Malwerk von der Architektur getrennt wurde und daß sein dekorativer Sinn für uns schwer zu erfassen ist.

Und nun die berühmte *Pariserin* (die Bezeichnungen stammen von Evans und verraten ebenso wie die von ihm erdachten Namen der Palasträume seinen romantischen Geschmack), das vielfach reproduzierte kleine Porträt einer kretischen Dame, in dem man Einflüsse der ägyptischen Kunst vermutet hat. Völlig zu Unrecht, denn das Auge ist zwar sehr groß, ägyptisch, doch die Gesichtskontur ist mit dickem Strich gemalt, die Stupsnase, der sinnliche Mund, die raffinierte Frisur mit dem Knoten im Genick und der koketten Locke über der Stirn sowie die malerische Behandlung des Ganzen widersprechen dem, was wir auf ägyptischen Fresken mit ihren trockenen Konturlinien sehen. Das Porträt dieser jungen Person hat nichts zu tun mit höfischer Steifheit, die man hier erwarten könnte, es zeigt im Gegenteil leicht arroganten Charme.

Das *Tauromachie* genannte, stark beschädigte Fresko sollte der Hauptbeweis dafür sein, daß in minoischer Zeit auf Kreta unblutige Kampfspiele stattfanden, und Evans hat eine Zeichnung hinterlassen, die erläutert, worin das auf dem Gemälde dargestellte Zirkus-Kunststück bestand. Der Akrobat faßte mit den Händen den galoppierenden Stier bei den Hörnern, stieß sich von ihnen ab wie von einem Trampolin, landete auf dem Rücken des Tiers und sprang hinunter in die Arme eines zweiten Akrobaten. Die Vermutung dieser phantastischen Übung, ein wahrer Salto mortale, beweist, daß sich der bedeutende Archäologe wenig mit Stieren auskannte, denn nach übereinstimmender Meinung der Toreadoren, der Fachleute also, kann dieses Kunststück niemandem gelingen. Der Körper des Stiers auf dem Fresko ist im Galopp langgezogen und vervielfacht durch die Geschwindigkeit in einer unnatürlichen Weise, jedoch in Übereinstimmung mit der Tendenz der – von der Bewegung besessenen – kretischen Kunst.

Am meisten bewegt haben mich die kleinen Miniaturfresken aus spätminoischer Zeit, die Evans *The Ladies of the Court* und *The Garden Party* genannt hat. Ich denke, gerade in der Miniatur haben die Kreter den Gipfel ihrer Kunst erreicht.

Die rund um einen Sakralbau (Säulen in zwei Reihen, stilisierte Stierhörner) versammelte Menge schaut sicherlich den Kulthandlungen zu. Es ist wie in einem großen Theater, die Stimmung entspricht eher einem Opernsaal als einem Tempel, in dem die Begegnung mit dem furchterregenden Gott und seinen gestrengen Stellvertretern stattfinden soll.

»... auf jeder Seite des Miniaturschreins sitzen Gruppen von plaudernden Damen. Sie sind nach der neusten Mode gekleidet, kunstvoll frisiert und so ins Gespräch vertieft, daß sie gar nicht bemerken, was um sie herum vorgeht ... Auf den ersten Blick erkennt man Hofdamen in großer Toilette. Sie kommen frisch vom Friseur, anmutige Locken umwallen Kopf und Schultern. Das Haar wird über der Stirn von einem Band zusammengehalten und fällt dann in langen, mit Perlen- und Steinketten durchflochtenen Zöpfen über den Rücken ... Die Puffärmel, eingeschnürte Taillen und Falbelröcke erinnern an unsere heutige Mode. Ein schmales Band liegt über der Brust, wie der Abschluß einer durchsichtigen Bluse, doch die darunter sichtbare Brust läßt eher ein Dekolleté vermuten. Die Kleider haben fröhliche Farben. Blaue, rote und gelbe Zonen werden von weißen und schwarzen Streifen belebt ... Die Lebhaftigkeit des Gesprächs zwischen Nr. 3 (die Dame mit dem Haarnetz) und ihrer Nachbarin fällt sofort auf. Die letztere bekräftigt ihre Behauptung, indem sie ihren rechten Arm so nach vorn wirft, daß sie der anderen beinahe die Hand in den Schoß legt, während ihre Vertraute vor Staunen die ihrige hochhebt – ›nicht möglich!‹ – Diese Schilderungen von weiblichen Vertraulichkeiten, mondänem Geplapper und Skandal sind weit entfernt von den klassischen Kunstwerken jeder andern Epoche. Ungebundenes Treiben und Rokoko-Atmosphäre sind unserer heutigen Zeit viel näher ...«

Ich führe dieses lange Evans-Zitat mit leichter Perfidie an. Es stammt nämlich aus seiner Publizistik und nicht aus den wissenschaftlichen Werken. Der Entdecker von Knossos war ein vorzüglicher Propagandaminister seines Werks, er schrieb eine gewandte Feder, die journalistische Praxis der Jugendjahre kam ihm zugute, und seine zahlreichen popularisierenden Artikel, für die »Times« und andere Periodika geschrieben, haben der neuentdeckten Zivilisation eine Menge von Verehrern gewonnen.

Evans wußte sehr wohl, daß den Laien am meisten die Behauptung bewegt: »Sie waren genau wie wir, sie schätzten den Zirkus und die fröhliche Gesellschaft, ihre Frauen waren den unseren ähnlich, wie Whistler sie so schön porträtiert hat.« Also tauchte Evans diese Fresken, deren Gestalten nicht größer sind als ein kleiner Finger, in eine höchst viktorianische Atmosphäre, und sein Wunsch, in jener weit zurückliegenden Zivilisation Züge zu entdecken, die unserer Epoche nahestehen, trieb ihn zu höchst abenteuerlichen Rekonstruktionen und Interpretationen.

Der safranpflückende Knabe – eine kleine, im nordwestlichen Teil des Palastes von Knossos entdeckte und von Gilliéron nach Evans' Angaben restaurierte Wandmalerei. Später stellte ein hervorragender Kenner der minoischen Kunst, der bereits erwähnte Nikolaos Platon, fest, daß der Körper des Safranpflückers eine recht seltsame Gestalt hat und außerdem mit hellblauer Farbe gemalt ist, die man niemals zur Darstellung von Menschen verwandte. Noch später entdeckte man kleine Einzelheiten, ein Stückchen Schwanz, eine Krokusblüte und schließlich einen hellbauen, nicht menschlichen Kopf. So wurde *Der safranpflückende Knabe* zum *Affen im Palastgarten.*

Der rhytontragende Jüngling ist ein Bruchstück des rekonstruierten Prozessionsfreskos, das gleich zu Beginn der Ausgrabungsarbeiten im Palast von Knossos freigelegt wurde. »Frühmorgens«, notiert Evans in seinem Tagebuch, »beim allmählichen Abheben der Erdschicht, die den Korridor zur Linken des ›Megaron‹ am Südende bedeckte, kamen zwei große Stücke eines mykenischen[1] Freskos zum Vorschein ... Eins zeigte den oberen Teil des Kopfes und die Stirn, das andere die Taille und einen Teil der Gestalt einer weiblichen Figur (später stellte sich heraus, daß es ein Mann war), welche ein langes mykenisches Rhyton in der Hand hielt, das heißt ein hohes, trichterförmiges Gefäß, das bei den Begräb-

1 Evans hatte die Bezeichnung »mykenische Zivilisation« noch nicht erdacht, war aber von Anfang an überzeugt, daß er Spuren einer Kultur entdeckt hatte, die älter war als die von Schliemann gefundene.

niszeremonien benutzt wurde. Die Figur ist lebensgroß, die Haut hat einen tiefroten Ton, wie man ihn bei Figuren auf etruskischen Gräbern oder bei den Keftiu[2] auf ägyptischen Malereien. Das Profil ist edel; volle Lippen, die untere hat eine eigentümliche Biegung nach abwärts. Das Auge ist dunkel und leicht mandelförmig ... Die Arme sind schön geformt ... weit und breit die bemerkenswerteste menschliche Gestalt der mykenischen Zeit, die bisher ans Licht gekommen ist.«

Aber diese suggestive Beschreibung konnte bei mir keine Begeisterung wecken. Das Fresko ist tödlich verwundet; seine Farbe von geronnenem Blut blättert ab. Ähnlich wie der zum Meisterwerk erklärte *Prinz im Lilienfeld*, ein Mann von natürlicher Größe, zwischen stilisierten Pflanzen schreitend, mit banalem Strich gezeichnet. Hier läßt sich wohl am deutlichsten die schwere Hand der Konservatoren erkennen, denn die wenigen und beschädigten Bruchstücke des Originals wurden mit Hilfe der nicht überzeugenden Vermutungen Gilliérons, der von sich aus noch Schmetterlinge und Blumen hinzufügte, zum Ganzen verbunden.

Als ich schon glaubte, daß mich nichts an der minoischen Malerei begeistern könnte, stieß ich auf einen Sarkophag aus Hagia Triada und war erleuchtet. Das ist ohne Zweifel ein Meisterwerk, vor dem alle kretischen Fresken verblassen und verlöschen. Ich näherte mich ihm mit Andacht, umschritt seine vier Seiten, – als das Glöckchen läutete – das Museum wurde geschlossen. Und wieder der Wunschtraum, sich hier einschließen zu lassen und eine Nacht und einen Morgen al-

2 In ägyptischen Grabstätten wurden Inschriften und Malereien gefunden, die sich nach Ansicht mancher Wissenschaftler auf die Minoer beziehen. Diese Malereien stellen Menschen in nicht-ägyptischer Kleidung dar. Sie bringen als Tribut Vasen und Gefäße, deren Form und Ornament ziemlich genau der kretischen Keramik der Spätzeit entsprechen. Eine der Inschriften lautet: »Der große Anführer von Keftiu und den Inseln (oder Küsten) des Grünen Meeres«. Darüber aber, ob »Keftiu« Kreta und seine Bewohner bezeichnet, sind sich nicht alle Wissenschaftler einig.

lein, ohne die lästigen Touristengruppen mit dem Kunstwerk zu verbringen, alle seine Farben und Linien auswendig zu lernen, damit ich später in der Ferne nur die Augen zu schließen hätte, um die Erinnerung, ein genaueres Bild als alle Reproduktionen, wie einen Film zu entwickeln.

Ich habe diesen Bezirk den Fleisch- und Obst-Stadtteil genannt. Er liegt mitten in Heraklion, und das Leben in ihm erstirbt, wenn die Sonne senkrecht über der Stadt steht; dafür erblüht es in der Morgendämmerung und in den langen Abend- und Nachtstunden, wenn die kühle Luft von den Bergen heruntersteigt. Der Geruch von Blut, süßlicher Atem der Bäckereien, eine herbe Duftwolke von Kräutern. Früchte der Gärten und Früchte des Meeres. Über allem der Lärm und das Geschrei des türkischen Basars. Ein Brückenkopf Asiens.

Einstöckige Holzhäuser mit billigen Restaurants. Einfache Holztische, auf die Straße gestellt, wie üblich. Als erstes bringt der Kellner, ohne zu fragen, ein Glas kaltes Wasser, das den ganzen Körper mit Quellfrische erfüllt. Ich bestelle als Vorspeise einen Teller kleine, im Ganzen gebratene Fische, Ziegenkäse, Oliven und mörderisch scharfe Paprika, dazu den unerläßlichen Anisschnaps, den Ouzo. Dann das einfachste Gericht, Moussaka, die griechische Pizza: Auberginen, Kartoffelpüree und Hackfleisch, alles auf einem heißen Blech gebacken. Das Brot ist weiß und süß, mit Leinsamen auf der kroß gebackenen Rinde. Weißwein aus Samos, wie zu Homers Zeiten mit Harz versetzt. Und dann ein riesiges Stück Ablaßkuchen. Die griechische Küche ist bäuerlich und verwirklicht Vorstellungen von einem Paradies, in dem es viel Süßes und Fettes gibt.

Ich hatte mich gegenüber der Fleischbank hingesetzt. Der athletische Fleischer gibt eine Gratisvorstellung mit der Überschrift *Vierteilung eines Ochsen*. Das Messer gleitet meisterlich durch die Muskelberge, das Beil spaltet die Knochen, zerteilt die Herrlichkeit in ihre Elemente. Mit einer Handbewegung holt er Leber und Herz hervor und wirft sie flach auf den Hauklotz. Ich muß an die Kritiker denken, die sich mit uns beschäftigen werden, die das, was nach uns zurückbleibt, mißhandeln werden, indem sie es blindlings durchstechen und zerreißen.

Ich denke auch an den verlassenen Sarkophag, an die Überlegenheit der Werke der Kunst über die Werke der Literatur. Der Sarkophag ist sich selber gleich, er wehrt sich erfolgreich gegen die Deutung, läßt die Lärmenden und Überklugen nicht an sich heran und ist nicht in Primärfaktoren zu zerlegen. Jetzt ruht er in seiner Vitrine, in der wächsernen Museumsstille, allein mit seinem Geheimnis, der reglosen Prozession von Menschen und Tieren.

Ich kehrte am nächsten Tag zu ihm zurück. Den Ausflug nach Phaistos habe ich verschoben. Auch zum Palast von Knossos bin ich nicht gefahren, dem Grundsatz getreu, daß man nicht gierig alles verschlingen darf, daß man unter der Menge der Gegenstände den besten aussuchen soll, der die Summe der anderen darstellt, um ihn zu krönen, zu inthronisieren, ein Meisterwerk zu nennen. Denn der Sarkophag aus Hagia Triada ist ohne Zweifel ein Meisterwerk, sein Schöpfer hat jenen glücklichen Moment des erleuchtenden Wissens und der begnadeten Nüchternheit erfaßt und uns übermittelt, da die Zivilisation sich selbst wie in einem Spiegel sieht und sich ihrer Grenzen, ihrer Kraft und Form bewußt ist.

Wie gesagt, der Sarkophag wurde in Hagia Triada gefunden, in der kleinen, gewölbten Grabkammer, in der die sterblichen Überreste der königlichen Familie aufbewahrt wurden. Die Wissenschaftler datieren diese Königskrypta auf die Zeit vor dem Bau der Paläste, sie war also etwas wie das Saint-Denis der kretischen Herrscher. Dagegen stammt der Sarkophag aus der spätminoischen Ära.

Er wurde aus Kalkstein gemacht. Groß ist er nicht. Seine Länge beträgt 137 cm, und weil ich ihm viele Stunden glücklicher Kontemplation verdanke, habe ich mir gedacht, ich würde gerade diesen Sarkophag aus den Flammen retten, wenn die Gelegenheit käme, sich für den wiedererlangten Glauben an die Größe der kretischen Malerei dankbar zu erweisen. Er ist von keiner Konservatorenhand berührt, er ist also Kronzeuge für die Kunst der Minoer. Seine Farben Ocker, Hellbau, Rot, Smaragdgrün, Sandgelb leuchten in gedämpftem, edlem Glanz.

Qual des Beschreibens. Denn man wird den Sarkophag beschreiben müssen, und die Beschreibung wird wie jede Beschreibung: lang, grau, inventurmäßig, eine Aufzählung der Gestalten und Gegenstände. Man wird nicht auskommen ohne das Abwickeln der Sätze wie Bandagen, von links nach rechts, gegen die Regeln des Sehens, die das Ganze im hellen und plötzlichen Licht der gleichzeitigen Gegenwärtigkeit zeigen.

Die erste Längsseite des Sarkophags, von links beginnend: drei bunte Glockenröcke, unter denen nackte, flache, ägyptische Füße hervorstehen. Der Rest fehlt; der obere Teil der Malerei wurde zerstört und ist jetzt eine weiße Wolke der Nichtexistenz. Im Mittelpunkt ein steinerner Opfertisch, auf dem ein gefesselter Stier mit durchschnittener Kehle liegt. Das Blut fließt in das unter dem Tisch stehende Gefäß. Die Augen des Tiers sind weit geöffnet und voller Melancholie. Unter dem Tisch hocken zwei Zicklein. Im Hintergrund eine Figur mit wehendem Zopf, die eine Doppelflöte spielt. So werden wir sicherlich an den Altar geführt, vor dem die Priesterin ihre Hände über das Opfergefäß ausstreckt, darüber schwebt allen Gesetzen der Schwerkraft zum Trotz ein Korb mit Obst. Ganz am Rand der Szene die Wand des Altars mit stilisierten Stierhörnern und zwei Doppeläxten auf Stielen, hoch wie Säulen. Und noch ein Baum, zart und feinfühlig hineingemalt in diese feierliche, fast mystische Szene.

Die andere Längsseite des Sarkophags ist sozusagen in zwei Akte eingeteilt, zwei Szenen, die sich durch die Hintergrundfarbe unterscheiden. Links zwischen den Stielen zweier Doppeläxte, Labrys (auf den Spitzen haben sich Vögel niedergelassen), ein großer Krater. Eine Frau in Mieder und Lederrock gießt in diesen Krater das Blut des Opfertiers. Hinter dieser, wie wir vermuten, Priesterin trägt eine Dame in blauviolettem Kleid mit einem Diadem auf dem Kopf (ein Prinzessin, wie manche Interpretatoren wollen) zwei kleine Eimer am Stab über der Schulter. Und schließlich die letzte Figur des feierlichen Aufzugs, eine Gestalt in knöchellangem Goldkleid, die ein großes Musikinstrument spielt, ähnlich einer Lyra. So endet die durch hellen sandfarbenen Hintergrund gekennzeichnete Szene.

Alle Figuren sind im Profil gezeigt und wie in einem Zuge gemalt, ohne überflüssige Details und verschwenderische Gesten. Die Farbskala: Hellblau, Gold, Bronze. Das Übergewicht der senkrechten Akzente unterstreicht den monumentalen Ernst und die Ruhe.

Jetzt ändert der Zug plötzlich seine Richtung. Auf hellblauem Grund drei männliche Figuren (was der Maler durch die braune Gesichtsfarbe im Gegensatz zu dem hellen Teint der Frauen angedeutet hat). Zwei tragen Zicklein, der dritte, dem Szenenende nächste, ein Bootsmodell, ein Motiv, das auch auf ägyptischen Grabmalereien häufig anzutreffen ist. Der hellblaue Hintergrund reißt ab, und wir berühren nun das Herzstück der Szene, das Geheimnis des Geheimnisses, den mystischen Ursprung.

Ein Gebäudeumriß mit drei Stufen, dahinter ein Baum, als Zypresse erkennbar. Aus der Erde tritt der Held des Dramas hervor. Er hat die Gestalt einer Skulptur, einer Herme, und ist fest in ein helles Gewand gehüllt, wie ein Kokon, rätselhaft wie eine Erscheinung, konkret wie ein Stein. Von den Opfern, der Musik, den Beschwörungen angelockt, kehrt er gelassen und erhaben noch einmal auf die Erde zurück. Ihm gelten die Grablibationen, das Klagen der Flöten und das Blut.

Auf einer Schmalseite des Sarkophags ist ein Streitwagen mit zwei Pferden dargestellt, den zwei Figuren mit verwischtem Diadem auf dem Kopf lenken. Auf der Seite gegenüber nochmals beide Figuren (der Verstorbene in Begleitung einer Gottheit, wie die Interpretatoren vermuten), doch ist das Gespann merkwürdig: zwei geflügelte Löwen mit Vogelköpfen, Greifen also. Auf die riesigen hellblau-goldenen Flügel hat sich ein Vogel gesetzt, das Zeichen für die Anwesenheit der Gottheit.
Der Sarkophag ist nicht nur ein Meisterwerk, sondern das einzige erhaltene minoische »Totenbuch« – eine genaue Darstellung des Rituals; es hat mithin auch den Wert eines Dokuments, der plastischen Niederschrift einer alten Tradition. Keine der dargestellten Figuren hat dekorativen Charakter, jede »spielt« ihre bestimmte Rolle in der abgebildeten Zeremonie. Mühelos finden wir hier auch alle großen Symbole der minoischen Religion: die Doppelaxt, jene Labrys, von der der Name Labyrinth herkommt, die stilisierten, Votivhörner genannten Stierhörner, die Bäume und die Vögel, deren symbolische Bedeutung keinem Zweifel unterliegt, sowie die Musikinstrumente – Saitenspiel begleitet die unblutigen Libationen, Blasmusik gehört zur Opferung der Tiere. Die Gesamtkomposition scheint den genauen Regeln einer formalisierten Liturgie unterworfen zu sein.
Die Gelehrten haben uns eine Reihe mehr oder weniger einleuchtender Deutungen der Malerei auf dem Sarkophag geliefert. Die einen sehen darin eine mit dem agrarischen Kult verbundene Zeremonie, die Verehrung des wiederkehrenden Frühlings; andere vermuten darin die mystische Verlobung des Zeus und der Hera. Am überzeugendsten scheinen die Erläuterungen, die den Totenkult zum Ausgangspunkt nehmen. Trauerfeierlichkeiten, Opfer, sakrale Gesten haben ein praktisches Ziel: die Wache über das Leben des Toten, denn Tod und Auferstehung waren ein natürliches Gesetz wie die Naturgesetze, die Folge der Jahreszeiten, das Abfallen der Blätter und das Keimen des Getreides.

Der Künstler hat uns mehr übermittelt als die Niederschrift eines Kults. Die Malereien des Sarkophags strahlen einen unüberwindlichen Glauben an die Unsterblichkeit aus, die Überzeugung, das Leben sei unzerstörbar. Es ist das starke, fast frohe Lied von der Resurrektion, wie wir es viele Jahrhunderte später auf den Täfelchen aus Petelia lesen.

Zur Linken am Hause des Hades wirst eine pulsierende Quelle
Du finden, rund um sie stehen in Reihen weiße Zypressen.
Halt ein, bleib ferne davon und nähere dich ihr nicht fürder.
Such nach einer anderen Quelle nicht weit vom See des Gedenkens,
Dort sprudelt eiskaltes Wasser, und Wächter stehn vor der Quelle.
Sag ihnen: Ich bin ein Kind der Erd' und des Sternenzeltes,
Doch mein Geschlecht stammt vom Himmel. Das wissen wahrlich wir alle.
Vom Durste verbrannt, verlor ich das Leben. Drum reichet mir eilends
Das kalte, schäumende Wasser, das fließt aus dem See des Gedenkens.

III

Bei der Beurteilung solcher Entdeckungen wie des Grabes Tutenchamuns, des Palastes des Minos auf Kreta oder der Königsgräber in Ur ist es nicht leicht, sogleich die richtige Perspektive zu finden. Die wirklich ganz außerordentlichen Funde stellen eins der Elemente des geordneten Bildes der Vergangenheit dar, zugleich sind sie eine Enthüllung des historischen Hintergrundes, vor dem wir alle, bewußt oder unbewußt, unsere Rollen spielen.

Leonard Woolley

Die Entdeckung der minoischen Zivilisation ist das Werk eines einzigen Mannes, Arthur Evans. Übrigens war er nicht der erste, dessen Aufmerksamkeit die geheimnisvolle Insel im weindunklen Meer fesselte. Seit vielen Jahrzehnten trieben sich zahlreich und schnüffelnd Amateur-Archäologen auf ihr herum. Ein spanischer Konsul gab bekannt, in der Nähe von Knossos befinde sich ein verschütteter Palast von 180 Fuß Länge und 140 Fuß Breite. Gegen Ende der siebziger Jahre des vorigen Jahrhunderts ließ sich der Troja-Entdekker Schliemann, der Homer grenzenlos vertraute und von ihm nicht enttäuscht wurde, in komplizierte Transaktionen ein, deren Objekt genau das Terrain war, wo unter einer mit Oliven bewachsenen Erdschicht seit Jahrtausenden der Palast des Minos verborgen lag. Die Transaktionen führten nicht zum Erfolg, weil der kretische Grundbesitzer sich als Schwindler und Betrüger erwies, was der solide Schliemann nicht tolerieren konnte.

Vor Evans wirkten auf der Insel der italienische Archäologe Federico Halbherr und sein französischer Kollege Joubin, ferner der amerikanische Journalist und Amateur-Archäologe Stillman. Die große wissenschaftliche Sensation lag sozusagen in der Luft.

Aber ehe wir davon erzählen, sehen wir uns Arthur Evans näher an. Das ist nützlich, weil es uns zu verstehen erlaubt, warum gerade ihm der Entdeckerruhm zufällt, und weil es erklärt, warum er uns Knossos gerade in dieser Gestalt übermittelt hat.

Er war untersetzt, ja klein, von nicht allzu ansprechendem Äußeren, sein explosives Temperament verschaffte ihm mehr Feinde als Freunde, aber er kompensierte diese Körpermängel und Charakterfehler mit unbeugsamem Willen, solider Bildung und riesigen Energievorräten. Fortuna bedachte ihn mit einem langen Leben und einem bedeutenden Vermögen, das ihm die Durchführung der vierzig Jahre andauernden Ausgrabungsarbeiten und die Verwirklichung seiner phantasievollen Rekonstruktionen erlaubte.

Geboren wurde er 1851 in der Kleinstadt Hemel-Hempstead, in einer Familie reicher Industrieller und Gelehrter. Beide

Großväter, väterlicher- und mütterlicherseits, waren Mitglieder der Royal Society, sein Vater ein hervorragender Geologe, Anthropologe, Kenner der prähistorischen Archäologie und Antiken-Sammler.

Ein ehrwürdiges Haus voller Andenken, viktorianischer Tugenden und Versteinerungen. Von früher Jugend an hatte Arthur eine Leidenschaft für Münzen, was mit seiner verzweiflungsvollen Myopie in Zusammenhang stand. Wir erwähnen das, um die späteren Irrtümer des großen Archäologen verstehen zu können.

In ihrem Buch »Time and Chance« schreibt Joan Evans über ihren Stiefbruder: »Evans war äußerst kurzsichtig und trug nur ungern eine Brille. Ohne Gläser konnte er kleine Gegenstände, die er dicht vor seine Augen hielt, mit erstaunlicher Genauigkeit erkennen, während alles übrige in unbestimmtem Nebel verschwamm. Infolgedessen hatten die Einzelheiten, die er ungestört durch die Außenwelt mit mikroskopischer Exaktheit wahrnahm, eine größere Bedeutung für ihn als für andere Menschen.«

Evans' Charakter und Persönlichkeit sind das Gegenteil dessen, was man mit dem Namen »Bücherwurm« zu bezeichnen pflegt. Schon in der berühmten Schule von Harrow lernte man den künftigen Entdecker von Knossos als hervorragend begabten und recht widerspenstigen Jungen kennen (er redigierte die satirische Schülerzeitschrift »Schlange«, deren Erscheinen nach der Veröffentlichung der ersten Nummer von den Pädagogen unterbunden wurde), aber auch als vorzüglichen Schwimmer und Reiter, was für seine spätere Karriere als Forscher eine immense Bedeutung hatte. Die Archäologie verlangte nämlich in ihrem Heldenzeitalter von ihren Adepten große physische Ausdauer sowie persönlichen Mut. Sonnenversengte Einöden, Wolken von Insekten, die Seuchen verbreiteten, lange Nächte in stickigen Baracken unter Moskitonetzen, die Gefahr der Malaria, Meutereien der analphabetischen Arbeiter, Einsamkeit – das war die übliche Szenerie und der geduldig erlegte Preis für einen geretteten Stein, eine Inschrift, eine Statue.

Der junge Evans studiert in Oxford, Freizeit und Ferien widmet er Reisen, und keineswegs den üblichen, sagen wir nach Rom oder Paris. Ihn ziehen die Länder am Rande des zivilisierten Europa an, Lappland, Finnland, die Krim, Bulgarien, Rumänien und natürlich Griechenland. Mit seiner besonderen Sympathie bedachte Evans die Länder des südlichen Slawentums. Ihn faszinierte die Küste Dalmatiens mit ihrem Mosaik der verschiedenen Kulturen, der prächtigen Landschaft und den Menschen, die um ihre Vergangenheit wußten und einsam um ihre Freiheit kämpften. Der Nachkomme einer konservativen Familie wird ein Liberaler, ein Anhänger Gladstones.

Er beschließt, sich für die Sache der von den Türken unterjochten Slawen einzusetzen, wider die in seinem Vaterland vorherrschenden Meinungen und wider die Intrigen der Großmächte.

Dieses Kapitel in Evans' Leben könnte man »die politischen Abenteuer eines Archäologen« überschreiben. Der künftige Entdecker hatte den Bazillus der Politik geschluckt, was übrigens vielen aufgeweckten jungen Menschen aller Zeiten widerfährt. Sicher trugen gewisse Mißerfolge seiner Universitäts-Laufbahn dazu bei. Der junge Wissenschaftler beendete sein Studium mit Auszeichnung, war jedoch in Oxfords konservativem Milieu nicht beliebt; so wurde er gleichsam aus Rache für die ihm versagte Anerkennung zum politischen enfant terrible.

Evans handelte zwar deutlich seiner Familie zum Trotz, doch sind seine Vorhaben voll Sinn, Schwung und Konsequenz. Mutig dringt er in das Dickicht der Balkanprobleme ein (und wird sogar unter dem Verdacht der Spionage für Rußland verhaftet), schreibt ein Buch über Bosnien und die Herzegowina, das er an führende Politiker schickt; er wird 1877 Sonderkorrespondent für Balkanfragen des großartigen und

einflußreichen »Manchester Guardian« und läßt sich in Ragusa, dem heutigen Dubrovnik, nieder.
Er ist mit Leib und Seele Korrespondent, Reporter im großen Stil, der vielfach persönliche Gefahren riskiert, sich für die Sache der unterdrückten Slawen einsetzt und davon durchdrungen ist, vor der Welt die Wahrheit zu bezeugen. Unermüdlich durchwandert er die Hochebenen und Einöden Montenegros, durchschwimmt die Flüsse, reist zu Fuß und zu Pferde, gelangt zu den Stäben der Aufständischen, schreibt voller Empörung über die Grausamkeiten der Türken an der örtlichen Bevölkerung, und als der englische Konsul verkündet, seine Artikel seien Phantasieprodukte, schickt er dem »Guardian« eine Liste der verbrannten Dörfer und die Namen der Opfer des türkischen Terrors.
In dieser Zeit heiratet er die Tochter seines Freundes, eines Oxforder Historikers, und kauft in Dubrovnik ein schönes venezianisches Haus, genannt Casa San Lazzaro. Das bedeutet beileibe keinen Verzicht auf seine politisch-publizistische Tätigkeit. Als der nächste Aufstand gegen Österreich ausbricht, bleibt Evans in Verbindung mit den Aufständischen und schreibt enthusiastisch über ihre Siege. Das überschreitet das zugelassene Maß und die Geduld der Besatzungsmacht. Er wird von den österreichischen Behörden verhaftet und im Frühjahr 1881 gezwungen, mit seiner Frau Dalmatien zu verlassen. Zur Genugtuung seiner Familie kehrt er nach England zurück. »Er hat einen Denkzettel bekommen und wird nun daheim bleiben – hoffe ich«, schreibt einer seiner Verwandten.
Trügerische Hoffnungen. Der rebellische Evans paßte in keinen traditionellen Rahmen. An der offiziellen akademischen Archäologie ärgert ihn das Fehlen weiter Horizonte, der seichte Kult der klassischen und nur der klassischen Kunst sowie die schulmeisterlichen Unterteilungen. Alles geschieht so, spottet er in einem seiner Briefe, als gäbe es eine besondere Geographie für die Inseln und eine für die Kontinente,

oder voneinander unabhängige Geologien, diluviale und alluviale. Die Intuition trieb ihn in die richtige Richtung, aber er mußte sich die Tatsachen erobern.
So begibt sich Evans zu ernsthafter wissenschaftlicher Erkundung nach Griechenland. In Athen besucht er den großen Heinrich Schliemann. Die beiden trennt ein bedeutender Unterschied des Alters (annähernd 30 Jahre) und des Ruhms. Der deutsche Archäologe hat schon alle seine großartigen Entdeckungen hinter sich: Troja, Tiryns und Mykene; sein jüngerer englischer Kollege ist nur der vielversprechende Absolvent einer berühmten Hochschule. Wäre er zu dieser Zeit gestorben, so wäre er mit seinem nicht überprüften Protest gegen den derzeitigen Stand des Wissens von der Vergangenheit auf den Grund des Vergessens gesunken.
Worüber sprachen die beiden? Man kann sich diese Begegnung vorstellen. Schliemann erzählte gewiß von Homer, Evans hörte mit Hochachtung zu, war aber ganz vesunken in die Betrachtung der mykenischen Gegenstände aus Gold, auch der Schmuckstücke und Siegel, und hielt diese Schätze im Abstand von wenigen Zentimetern vor seine furchtbar kurzsichtigen Augen. Diese Objekte zogen ihn seit langem leidenschaftlich an. Sie tragen ganz andere dekorative Motive als die klassisch-griechischen, die ihm die Schule so gründlich verleidet hat. Sie erinnern an Assyrien und Ägypten. Doch das ist wieder Intuition, ästhetische Impression. Und wie ein Physiker oder Astronom ein nicht entdecktes Element oder einen Stern im voraus ahnt, so ahnt, hofft, setzt Evans die Existenz einer nicht entdeckten Zivilisation voraus, die die Kultur des alten Orients und das »griechische Wunder« in einer Formel von verständlicher Folgerichtigkeit verbinden werde.
Schwer zu sagen, ob die Begegnung mit Schliemann für Evans die Bedeutung eines Wendepunktes hatte. Aber nach Jahren erinnert er sich an seinen Vorgänger mit Achtung und Sympathie: »Etwas von den romantischen Erlebnissen seiner frü-

heren Jahre haftetet an seiner Persönlichkeit; ich erinnere mich deutlich an ein beinahe geheimnisvolles Gefühl, als ich diesem schwarzgekleideten, schmächtigen Mann mit zartem Körperbau und erdiger Hautfarbe gegenüber saß, der eine Brille von merkwürdiger Form trug und durch diese tief in die Erde hineinblickte.«

Nach England zurückgekehrt, wird Evans zum Kustos des Ashmolean Museums ernannt, das im 17. Jahrhundert in Oxford gegründet worden war und sich zu jener Zeit in einem beklagenswerten Zustand befand – es sammelte Gegenstände von unterschiedlichem Wert aus vielen Epochen und manchmal von zweifelhafter Herkunft. Seine intensiven wissenschaftlichen Reisen gibt er nicht auf; während einer dieser Reisen stirbt plötzlich seine geliebte Frau Margaret, die treue Gefährtin auf mühsamen Forschungsexpeditionen, bei der Familie wegen ihrer witzigen Briefe bekannt, in denen sie den Alltag des »Vergangenheitsjägers« beschrieb wie z. B. die dramatische Wanzenjagd in einer abgelegenen Herberge des Balkans.

Im Frühjahre 1894 setzte Evans zum ersten Mal seinen Fuß auf die Insel seiner Bestimmung. Kreta eroberte sofort sein Herz. Er fand dort alles, was ihn in Dalmatien begeistert hatte: ein tapferes Volk unter türkischer Besatzung, eine dramatische Landschaft, Denkmäler und Spuren einer langen hellenischen, römischen, französischen, venezianischen und türkischen Geschichte. Unter diesem bunten Mosaik zahlreicher Kulturen hoffte Evans etwas bisher von niemandem Benanntes und Berührtes zu finden.

Noch vor Beginn der Ausgrabungsarbeiten notierte er: »Kretas goldenes Zeitalter liegt weit hinter den Grenzen der historischen Periode«, und dann folgt ein Satz, der uns als Paradoxon erscheint: »Nichts bewegt einen Archäologen, der die Überreste einer sehr fernen Vergangenheit erforscht, mehr, als wenn er sie an einer Stelle antrifft, wo Objekte aus historischen Zeiten relativ selten und unwichtig sind.«

Erneute Rückkehr nach England und im März 1899 eine Expedition nach Kreta, diesmal in der konkreten Absicht, mit den Ausgrabungen zu beginnen. Sie sind zu dritt: Evans, D. G. Hogarth, jünger als Evans, aber erfahrener als er auf dem Gebiet der archäologischen Techniken, und Duncan Mackenzie, ein rothaariger Schotte, Polyglott und Experte für die Führung des Tagebuchs der Ausgrabungsarbeiten. Sie fahren aus wie die Argonauten, um eines der herrlichsten Abenteuer der modernen Humanistik zu erleben. Auf dem Meer tobt der Sturm. Die vor langer Zeit gestorbenen Minoer verteidigen ihr Geheimnis.

Unverzüglich beginnt man mit der Arbeit in der Nähe von Knossos, auf dem Hügel von Kephala. Und schon in den ersten Tagen enthüllt sich den Augen der Archäologen ein riesiges labyrinthisches Bauwerk.

Unter dem 27. März 1899 notiert Evans in seinem Tagebuch:

»Ein außerordentliches Phänomen – nichts Griechisches, nichts Römisches – vielleicht eine einzige Scherbe schwarzglasierter Tonware ... Etwas getäuscht hat uns die geometrische Keramik aus dem 7. Jahrhundert v. Chr. wie auch die bei der Hauptstraße gefundenen Gräber ... Die Blütezeit von Knossos muß man erheblich früher ansetzen ... Mehr noch, die große Epoche dieser Zivilisation muß bis in vormykenische Zeit zurückverlegt werden.«

So wurde ein neues Gebiet des Wissens um unsere Vergangenheit geboren. Auf die allem Anschein nach restlos bekannte griechische Welt fiel unerwartet neues Licht. Die traditionelle, aus dem 19. Jahrhundert stammende Isolierung des »hellenischen Wunders« von der Welt der Barbaren rundum mußte in den Bereich der unbestätigten Theorien verwiesen werden.

Evans stand vor einer Aufgabe, die, aus dem Blickwinkel von heute gesehen, die Kräfte eines einzelnen Menschen überstieg. Wäre die Entdeckung ein halbes Jahrhundert später erfolgt, hätte bestimmt eine mächtige internationale Organisation und ein vielköpfiger Stab von Wissenschaftlern die Ausgrabungsarbeiten überwacht.

Evans' Wunschtraum war die Entzifferung der kretischen Schrift. Jahrzehntelang verfolgte er dieses Ziel hartnäckig und erfolglos. Offen gesagt, an dem Tag, als er zu Füßen des Hügels Kephala stand und als sich die Spaten der dreißig Arbeiter in die Erde gruben, erwartete er keineswegs, das Schicksal werde ihm das seltene Privileg und den Titel des Entdeckers einer unbekannten Zivilisation verleihen.

Er war 49 Jahre alt, fast ebenso alt wie Schliemann, als dieser Troja auszugraben begann. Er fand keine goldenen Masken, Schatzhäuser, wertvollen Steine wie Schliemann in Mykene, aber er trat Auge in Auge einer reifen und erlesenen Kunst gegenüber, einer Architektur voller Charme und Feinheit, einem überraschend süßen und, so möchte man sagen, dekadenten Lebensstil, der aus den aufgedeckten Ruinen strahlte. Das Labyrinth von Treppen, Zimmern, Gängen, Terrassen und Höfen schien kein Ende zu nehmen, und Evans schob sich mit dem Knäuel der Ariadne in der Hand geduldig Schritt für Schritt vorwärts. Binnen kurzem mußte man die Zahl der beschäftigten Arbeiter verdreifachen. Ein Vorhaben von wahrhaft unerhörter Größenordnung.

Evans beschäftigte gelernte Architekten, und zwar nicht wie üblich im Schlußabschnitt der Arbeiten zur Anfertigung der endgültigen Pläne, der waagerechten und senkrechten Schnitte der aufgedeckten Altertümer, sondern vom Beginn der Ausgrabungsarbeiten an. Sein erster Mitarbeiter war Theodor Fyfe, Architekt der Britischen Archäologischen Schule in Athen, dann Christian Doll und zum Schluß Piet de Jong. Was heißt das? Es heißt, daß Sir Arthur gleich zu Anfang eine Entscheidung fällte, die ihm viele Spezialisten nicht verzeihen können, nämlich die Entscheidung für die Rekonstruktion.

Zur Rechtfertigung des Entdeckers sei gesagt, daß das Material, aus dem Knossos erbaut worden war, einen zur Ver-

zweiflung bringen konnte. Der Palast bestand gewissermaßen aus Nebel und Träumen, er entzog sich dem Archäologen, die mit Fresken bedeckten Wände zerfielen bei der ersten Berührung zu Staub, die verbrannten Holzsäulen oder vielmehr ihre Spuren trugen keine Decken mehr. Also beschloß Evans, seiner eigenen Vision des Palastes zu folgen. Der über seine Arbeiten schreibende österreichische Wissenschaftler Camillo Praschniker gestattete sich eine sehr boshafte, aber keineswegs grundlose Bemerkung. Er nannte Knossos sage und schreibe eine »Filmstadt«, wo man »zwischen Hypothesen einherwandert, die, auch wenn sie aus bewehrtem Beton gefertigt wurden, überaus brüchig sind.«
Im Umgang mit den Werken der Vergangenheit wollen wir die Gewißheit haben, daß niemand sie verbessert, niemand eingegriffen hat, um sie zu verschönern, zu vervollkommnen, verständlicher zu machen. Wir möchten allein, ohne die Hilfe von Vermittlern die Brücke werfen über den Abgrund der Zeiten zwischen uns und den Menschen und Göttern vor Jahrtausenden. Da ich nicht übermäßig inspiriert bin, habe ich stets nach materiellen Spuren gesucht, um Verständnis und Einvernehmen zu knüpfen. Deshalb haben mich immer wieder die Wagengleise auf den römischen Straßen, die von Pilgerfüßen abgetretenen Stufen der Kathedralen, die Maurerzeichen auf den Steinen ergriffen.
Wer den Palast von Knossos besichtigt, wird dieser Wonne beraubt. Das moderne Baumaterial, die in brutaler, dunkelroter Farbe mit schwarzen Basen und Kapitellen angestrichenen Säulen verscheuchen die Vorstellung von der Gegenwärtigkeit der früheren Bewohner.
Es muß gesagt werden, daß Evans recht früh auf Kritik seiner Methoden stieß. Einer seiner ersten Widersacher war der Direktor der Archäologischen Schule in Athen D. G. Hogarth. Zunächst wirkten die beiden Wissenschaftler in gutem Einvernehmen, aber bald trennten sich ihre Wege. Hogarth warf Evans die Vergeudung der (anfangs zum Teil öffent-

lichen) Mittel zu luxuriösen, mehr für Laien als für Spezialisten bestimmten Rekonstruktionen vor. Und in der Tat, Evans' Neigung zum Spektakulären konnte Vorbehalte wekken. »Die Restauration des ›Thronsaals‹ zum Beispiel ergab sich nicht aus der Anwendung wissenschaftlicher Methoden, sondern befriedigte allein das Verlangen, auf handgreifliche Weise nachzubilden, was der Vorstellungskraft zu überlassen wäre«, schreibt Hogarth an Evans und droht weiter unten im Brief, die Zuwendungen zu streichen.

Die Zuwendungen wurden im Jahr 1902 tatsächlich gestrichen. Evans mußte damit gerechnet haben, denn er teilt seinem Vater in einem Brief vom November 1900, also etwa anderthalb Jahre nach Beginn der Ausgrabungsarbeiten, mit: »Der Palast von Knossos war meine Idee und mein Werk, und es stellt sich heraus, daß der Fund die Hoffnungen eines oder mehrerer Lebensläufe übertrifft. Daß der Fonds (der Kretische Ausgrabungsfonds) mir helfen sollte, ist etwas anderes. Wenn du mir das Geld persönlich geben wolltest, so wäre es recht angenehm. Und können wir nicht ein wenig Knossos in der Familie behalten! Ich bin aus verschiedenen Gründen fest entschlossen ... (deshalb) muß ich allein die Kontrolle über das behalten, was ich persönlich unternehme. Es mag anderen Leuten anders ergehen, aber bei mir ist es so, und wenn meine Art nicht die beste ist, so ist sie doch die einzige, die für meine Arbeit taugt.«

Dies ist ein sehr bezeichnender Beitrag zu Evans' Charakteristik. Knossos blieb dreißig Jahre lang seine private Leidenschaft und privater Besitz. Er wollte den Ruhm mit niemandem teilen, also liegt auch die Verantwortung für die Gestalt des Palastes allein bei ihm. Die Arbeiten verschlangen einen wesentlichen Teil des persönlichen Vermögens des Entdeckers, eine Viertelmillion damals noch stabiler Pfund Sterling.

Evans' unbestreitbares Verdienst ist nicht nur die Ansammlung eines ungeheuren Materials, sondern auch der erste große Versuch seiner Systematisierung und die Aufstellung einer Chronologie des antiken Kreta. Außerdem bemühte er sich, alle wechselseitigen Abhängigkeiten und Verbindungen der entdeckten Zivilisation mit der Geschichte Trojas, der Kykladen und Griechenlands sowie besonders Ägyptens und Mesopotamiens (der beiden ältesten und bekanntesten Kulturkreise) zu erfassen. Das war möglich durch die Auffindung anatolischer, syrisch-phönizischer und ägyptischer Gegenstände auf Kreta wie auch durch kretische Gegenstände, auf die Archäologen im Orient gestoßen waren. Besondere Aufmerksamkeit schenkte Evans den Beziehungen Ägyptens zu Kreta, und es war gerade die dank schriftlicher Quellen am genauesten erforschte Geschichte Ägyptens, die die Periodisierung der kretischen Zivilisation entscheidend beeinflußt hatte.

Den Zeitabschnitt zwischen dem Ende des Neolithikums und der Invasion der Achäer auf Kreta nannte Evans minoisch. Es ist eine Huldigung an die namenlosen Könige des Inselstaates.

Gestützt unter anderem auf die Keramik, teilte der Entdecker von Knossos die minoische Zivilisation in drei Epochen: die frühminoische von 3400 bis 2100 v. Chr., für die die »geflammte«, oft monochromatische Keramik charakteristisch die mittelminoische von 2100 bis 1580 der Kamares-Keramik (nach einem Ortsnamen) mit farbigen Mustern auf dunklem Grund, schließlich die spätminoische von 1580 bis 1200, der die Keramik mit dunklen Mustern auf hellem Grund entspricht[3]. Die Epochen werden noch in Perioden und Phasen unterteilt, und es ist bezeichnend, daß Evans den mythischen Dreier-Zyklus wieder aufnimmt, als stünde er unter dem Einfluß der Legende von Zeus, der alle neun Jahre die Königsherrschaft des Minos verlängerte.

3 Die oben angeführte Einteilung und die Charakteristik der Keramik ist natürlich sehr schematisch und gibt keineswegs den ganzen Reichtum dieser Kunst und dieses Handwerks wieder.

»Es wird nicht zu minutiös erscheinen, wenn die beträchtliche Zeitspanne, die sich über zweitausend Jahre erstreckt, hier in drei Hauptabschnitte – früh-, mittel- und spätminoisch – mit je drei Unterabschnitten eingeteilt wird. Auf diese Weise ergibt sich für jede Periode eine durchschnittliche Dauer von annähernd zweieinhalb Jahrhunderten, für die früheren Perioden natürlich etwas mehr. Ob wir die minoische Zivilisation in ihrer Ganzheit oder in ihren dreifachen Abstufungen betrachten, die Dreiteilung erscheint uns ihrem Wesen nach logisch und wissenschaftlich ... Die drei Hauptphasen der minoischen Geschichte stimmen im großen und ganzen mit denen des Alten, Mittleren und beginnenden Neuen Reiches in Ägypten überein.«

In Wirklichkeit hat die von Evans vorgeschlagene Chronologie einige schwache Punkte und ist mehrfach umgearbeitet, ergänzt und geändert worden. Sie bezieht sich hauptsächlich auf Knossos, versagt aber bereits in bezug auf die anderen minoischen Städte wie Mallia oder Phaistos, als gälten dort lokale Uhrzeiten und ein besonderes Zeitmaß. Neue archäologische Funde haben im übrigen fast die gesamte Chronologie des alten Orients und Ägyptens ins Wanken gebracht. Die Invasion der Hyksos nach Ägypten mußte in die Gegend des Jahres 1720 v. Chr. »verschoben« werden. Die Entdekkung der Königsliste von Chorsabad im Jahre 1942 zwang zur Modifizierung der mesopotamischen Chronologie. Die anfangs für die Jahre 2123–2081 angesetzte Herrschaft Hammurabis wird jetzt für 1848–1806, ja sogar für 1792 bis 1750 angenommen. Deshalb suchen neuere Forscher wie Glotz, Matz oder N. Platon eine Basis für die Datierung der Geschichte Kretas, die solider wäre als Evans' Hypothesen, und stützen sich auf die Einführung der Metalle oder auf die Zerstörung der Insel-Paläste.

Evans' Lebenswerk ist sein Buch »The Palace of Minos«. Der erste Band dieses monumentalen Werkes, dieser großen Saga von der antiken Zivilisation Kretas, erschien 1921, der letzte

vierzehn Jahre später. Das Ganze umfaßt sechs Bände, über 3000 Seiten und etwa 2500 Illustrationen.
»Der Palast des Minos« entstand in Evans' geräumigem, hauptsächlich von Büchern bewohntem Haus in Youbury in den Pausen zwischen den Ausgrabungskampagnen. Die Stiefschwester des Entdeckers zeichnete in ihren Memoiren folgendes Bild des Wissenschaftlers in Aktion:
»Hier konnte er an seinem großen Werk arbeiten. Zum Klassifizieren des Materials diente ihm ein einfaches Verfahren: für jede neu entstehende Unterteilung schlug er einen weiteren Klapptisch auf und ging dann vom einen zum anderen, wie ein in mehrere Partien verwickelter Schachspieler ... Er brauchte wahrhaftig Platz, denn sein Material war überwältigend. Auch zog er aus keiner der modernen Methoden Nutzen, um besser zu Rande zu kommen. Er besaß weder Sekretärin noch Schreibmaschine und verwendete immer noch eine Gänsefeder.«
Ein nimmermüder Greis. Mit fünfundsiebzig Jahren erlebte er auf Kreta ein Erdbeben, das er ebenso aufmerksam und kühl beobachtete wie Plinius den Ausbruch des Vesuv. Die Vermutung drängte sich ihm auf, in dieser furchtbaren Naturerscheinung müsse man die Erklärung für den Untergang der von ihm entdeckten und geliebten Kultur sehen. Mit achtzig Jahren reiste er per Wasserflugzeug nach Kreta; er schätzte dieses Verkehrsmittel sehr. Fast bis an sein Lebensende übte er mit harter Hand die Macht über Knossos aus.
Wenige Jahre vor Ausbruch des Zweiten Weltkriegs besuchte er Dalmatien und sein früheres Haus in Dubrovnik, wo er die kurzen und glücklichen Jahre seiner Ehe mit der unvergessenen Margaret verlebt hatte. »Ich komme immer alle fünfzig Jahre hierher.«
Er stirbt in der Glorie des Ruhms und im Bersten der Bomben. Der mit Ehren und Titeln vieler Universitäten überhäufte, vom König geadelte Patriarch der Mittelmeer-Archäologie hätte nach einem so stürmischen Leben einen

sanfteren Tod verdient. Er arbeitete bis zum Schluß und interessierte sich lebhaft für das Kriegsgeschehen. Die Niederlage seiner geliebten Länder Frankreich, Jugoslawien und schließlich Griechenland traf ihn schwer. In seinem Haus »Villa Ariadne« auf Kreta amtierte ein Stab der Truppen Hitlers. Noch 1941 besuchte Evans das von den Bomben feindlicher Flieger zerstörte British Museum.
Wie beurteilt man diese ungewöhnliche Gestalt? Das ist nicht unsere Sache. Damit sind mit der üblichen Rücksichtslosigkeit die Nachfolger des Gelehrten beschäftigt. Weil aber die viktorianische Epoche bei unserer Generation einen etwas besseren Ruf genießt als bei der unmittelbar auf sie folgenden, wird es wohl nicht allzu bissig klingen, wenn wir ihn einen – Tennyson der Archäologie benennen.

IV

Tout traité d'archéologie passe.
Charles Picard

Es schien, als hätte Evans alles gesagt, was über Knossos und die minoische Kultur zu sagen war; man durfte annehmen, nach dem großen Werk der Entdeckung wären den Nachfolgern nur Zusätze und gehorsame Wiederholungen dessen übriggeblieben, was Sir Arthur geschrieben hatte. Doch bei der Erforschung der Vergangenheit hat wie auf jedem anderen Wissensgebiet der Entdecker nicht das letzte Wort. Marcel Brion sagt melancholisch, nichts sei völlig gewiß und endgültig in einer Wissenschaft, die sich wie die Archäologie in unablässiger Bewegung befinde.
Um die Mitte des Jahres 1960, also neunzehn Jahre nach Evans' Tod, bricht eine heftige Polemik über ein Thema aus, das scheinbar nur die Fachleute anging, aber bald deren Kreis sprengte, ein paar hübsche Jahre die Spalten der Tagespresse und Wochenblätter füllte und im Radio tönte. Der heftige

Streit der Archäologen, Sprach- und Kulturforscher wurde gewissermaßen zum öffentlichen Schauspiel.

Vorkämpfer dieses Streits, der übrigens nicht zu definitiven Entscheidungen führte, war der englische Gelehrte und Oxford-Professor L. R. Palmer. Er schlug eine revolutionäre, mit den Ansichten der meisten Spezialisten nicht vereinbare neue Chronologie vor, eine Neudatierung der gesamten griechischen Bronzezeit.

Die Grundfrage, wann die Griechen die Halbinsel betreten hätten, die von nun an ihre Heimat werden sollte, beanworten die Lehrbücher der Geschichte und die meisten Fakten ungenau: kurz nach dem Jahre 2000 v. Chr. Palmer räumt ein, daß zu dieser Zeit tatsächlich eine Invasion der Halbinsel stattfand, aber es gebe keinen Beweis dafür, sie den Griechen zuzuschreiben. Diese hätten sich seiner Meinung nach auf den Gebieten, die man von nun an Griechenland nennt, kurz nach 1600 v. Chr. angesiedelt, womit das seinen Anfang nahm, was die Archäologen als die späthelladische oder mykenische Kultur bezeichnen.

Wie wir uns sogleich überzeugen werden, ist das kein pedantischer Streit um Daten, sondern eine Kontroverse, die eine Menge wesentlicher Probleme und außerdem eine Umwertung der Rollen und der Einflüsse einzelner Kulturkreise nach sich zieht. Aufs neue tauchte die Frage auf: Wo liegen die Quellen unserer Zivilisation, und welche Völker waren die wesentliche Kraft und der Motor dieser Zivilisation?

Ein zweites sehr wichtiges Problem ist der Versuch, die Frage zu beantworten: Wann haben die Griechen Kreta erobert? Auch hier nennt die Mehrzahl der Wissenschaftler, Evans folgend, ein ungenaues Datum um 1450 v. Chr. Mehr noch, für jene Wissenschaftler ist dieses Datum gleichbedeutend mit der Katastrophe der minoischen Kultur, mit ihrem plötzlichen Zusammenbruch. Die Zeit von 1400 bis 1100 v. Chr. wird allgemein als Periode des endgültigen Niedergangs angesehen, in der die so viele Jahrhunderte lang blühende Zivilisation zu Staub zerfällt und in Vergessenheit gerät. Evans' Lieblingsschüler, der hervorragende junge Archäologe und Kurator des Palastes John Pendlebery (er starb den Heldentod in den Reihen der kretischen Partisanen) sagt bildhaft, zu jener Zeit sei Knossos eine Ruine mit zerstörten Treppen und zerfallenden Sälen gewesen, in denen die düsteren Geister der Vergangenheit und die wilden, barbarischen Ansiedler umherirrten, ohne zu wissen, was dieser Ort einst war.

Auch dieser, wie es schien, in der Geschichte wohl begründeten Meinung widersprach Palmer grundsätzlich. Für ihn, anders als für die Mehrzahl der Forscher, ist jene als Niedergangszeit bezeichnete Periode eine Epoche künstlerischen Glanzes und wirtschaftlichen Wohlstandes auf Kreta. Die Insel stand zwar unter der Herrschaft der Griechen, war aber weiterhin der Mittelpunkt einer lebendigen Kultur.

In der Kirche der gelehrten Archäologen, Linguisten und Historiker der griechischen Bronzezeit war es also zu einer Ketzerei gekommen. Ähnlich wie in einem Prozeß, wo man sich bei einem Wiederaufnahmeverfahren auf neue Beweise berufen muß, verlangten Evans' Verteidiger Fakten zur Begründung jener verblüffenden Hypothese. Palmer stellt fest, seine drastische Revison stütze sich vor allem auf die Entzifferung der Linearschrift B (die für den Entdecker von Knossos unlesbar war) im Jahre 1952, aber auch auf die Auffindung eines ansehnlichen Archivs von Täfelchen mit der Schrift Linear B, also derselben, die Evans auf Kreta entdeckt hatte, im Palast des Nestor durch den amerikanischen Wissenschaftler Blegen im Jahre 1939. Die Täfelchen vom griechischen Kontinent (man fand noch mehr davon in Pylos) sind nun zweifelsfrei auf das Jahr 1200 v. Chr. datiert. Wie soll man sich diesen Hiatus von zweihundert Jahren zwischen den Täfelchen vom Kontinent und von der Insel erklären? Hat sich Evans bei der Datierung etwa (bewußt) geirrt? Sind die Minoer, wie der Entdecker von Knossos wollte, die Erfinder dieser Schrift, oder ist sie ganz im Gegenteil auf dem Kontinent entstanden?

Nun ja, auch Wissenschaftler sind Menschen und nicht ohne Leidenschaften. So ist es nicht verwunderlich, wenn sie den von ihnen entdeckten Zivilisationen eine größere Bedeutung, einen größeren Glanz, einen größeren Einflußbereich zu sprechen möchten, als diese in Wirklichkeit hatten.

Bei der Analyse der entzifferten Täfelchen aus dem Archiv des Nestor kommt Palmer zu dem Schluß, Knossos habe um 1200 v. Chr. zahlreiche Erzeugnisse aus Keramik und Metall auf den Kontinent exportiert (z. B. bronzene Dreifüße), mithin kann seiner Ansicht nach von einem Niedergang der minoischen Kultur in dieser Periode keine Rede sein.

Und schließlich habe man damit zu rechnen, was der Erzpoet Homer darüber sagt. Homer hat die Archäologen nie enttäuscht. Er sagt, Agamemnon habe über Mykene geherrscht, und Schliemann fand seine Burg. Den Nestor siedelt er in Pylos an, und Blegen entdeckte seinen Palast. Warum soll sich dieser Untrügliche und Große geirrt haben, wenn er sagt, Idomeneus, der König von Kreta mit der Hauptstadt Knossos, der Enkel des Minos, habe am Trojanischen Krieg (um 1100 v. Chr.) teilgenommen und sei einer seiner Helden gewesen? Er hatte ja achtzig Schiffe (nur zehn weniger als Nestor) gestellt, er war auch als Kämpfer für das Duell mit Hektor bestimmt. Schließlich hatte er zur Besatzung des hinterlistigen Trojanischen Pferdes gehört und war einer der ersten, die in die Stadt eindrangen. So versucht Palmer, die Homer-Anhänger für seine These von der Größe Kretas zur Zeit des angeblichen Niedergangs der Insel zu gewinnen.

Am Ende steht etwas wie aus einem Kriminalroman, das im Museumskeller versteckte Beweisstück, ein von Palmer entdecktes, den Wissenschaftlern unbekanntes Dokument, das einen Schatten auf die Erinnerung an den Entdecker von Knossos wirft. Die Polemik der Gelehrten geht hier in eine Fälschungsaffäre über.

»Im Februar 1960«, schreibt Palmer, »merkte ich, daß ich die von Evans vorgenommene Datierung der Täfelchen mit der Linearschrift B aus Knossos nicht länger hinnehmen konnte. Ich begann eine Reihe von Untersuchungen, die neue, aus dem Ashmolean Museum in Oxford stammende Dokumente zutage förderten. Vor allem, und das ist das Wichtigste, fanden wir das von Duncan Mackenzie, Evans' Assistenten, geführte Tagebuch der Ausgrabungsarbeiten (The Day Book of the Knossos Excavations). Dieses Dokument wurde eine große Hilfe bei der Tatsachenermittlung. Evans hauptsächliche Grundlage für die Datierung der Täfelchen war die im sogenannten Zimmer der Steigbügel-Vasen (eine Sorte Keramik mit charakteristischem Ornament) vorgenommenen Stratifizierung. Das Tagebuch der Ausgrabungsarbeiten sagt etwas ganz anderes, was im übrigen mit Evans' eigenen Notizen übereinstimmt, die zu untersuchen ich die Möglichkeit hatte. Schließlich haben wir jetzt die von Sir Arthur eigenhändig angefertigten Kopien der Täfelchen mit der Linearschrift B, sie wurden erst vor einem Monat im Ashmolean Museum gefunden. Diese Dokumente weisen darauf hin, daß die Täfelchen, denen der Entdecker von Knossos eine solche Bedeutung beimaß, nicht in dem oben erwähnten Zimmer gefunden wurden, sondern in einem ganz anderen Teil des Palastes. Deshalb zwingen uns all diese erst jetzt aufgedeckten Tatsachen, hinter Evans' Stratifizierung und Datierung ein Fragezeichen zu setzen.«

Nachdrücklicher und rücksichtsloser geht es nicht.

Palmers Darlegung macht einige erklärende Worte nötig. Jemand könnte fragen: Weshalb soviel Lärm um ein paar zerschlagene Töpfe, in diesem Fall um die Vasen mit dem Steigbügelmotiv? Ist es nicht besser, der Intuition und Erfahrung des Entdeckers zu vertrauen? Eine Wissenschaft allerdings gründet sich nicht auf dem Glauben an Autoritäten, und der Archäologe muß wie ein Untersuchungsrichter klar und präzise auf drei Grundfragen antworten: Was wurde gefunden, wo und womit? Dieses »womit«, das heißt mit welchen Gegenständen, ist unerhört wichtig, denn es gestattet, nicht nur einzelne Kunstwerke, sondern ganze Zivilisationsperioden zu datieren. Die Rolle der archäologischen Uhr, des Zeitmaßes, spielt meistens die Keramik. Denn ihre Entwicklung, ihre Reihenfolge und ihr Stilwandel im Laufe der Zeit sind sehr genau bekannt, außerdem, um es direkt zu sagen, überdauern zerschlagene Töpfe an Ort und Stelle, in jener archäologischen Schicht, in der sie weggeworfen wurden, weil sie für Räuber kein begehrenswertes Objekt sind wie etwa Erzeugnisse aus Gold oder Kunstwerke.

Doch zurück zum Streit. Palmers Vorwürfe wogen schwer, kein Wunder, daß sie eine stürmische Polemik hervorriefen. Der Entdecker, die größte Autorität in Fragen der minoischen Kultur, wurde angeklagt, er habe, milde gesagt, die Forschungsergebnisse deformiert und einer von vornherein konzipierten These angepaßt. Palmer hielt Evans auch vor, er habe die minoische Zivilisation willkürlich, das heißt ohne Belegung durch reale Ausgrabungsresultate für wesentlich älter gehalten, als sie in Wirklichkeit ist. Ähnlich stehe es um die delikate Frage der Einflüsse. Wenn man Palmers These folgt, verblaßt Kretas Rolle als Quelle der mykenischen Zivilisation und mit ihr der griechischen erheblich.

Die Korrekturen und Ergänzungen, welche die Forscher dem epochemachenden Werk des Entdeckers anfügen, sind bedeutsam, wenn auch leiser, sie haben nicht so den Beigeschmack öffentlicher Skandale wie Palmers ketzerische Hypothesen. Die Entzifferung alter Inschriften, neue archäologische Funde können manche Überraschung bringen. Das Problem Kreta, seine berühmteste Geschichtsepoche, die Rolle und Bedeutung dieser Zivilisation ist von einer definitiven Lösung noch weit entfernt.

Vor einigen Jahren stellte der deutsche Gelehrte Professor H. G. Wunderlich eine kühne These zu der Frage auf, was denn der von Evans entdeckte Palast in Knossos eigentlich gewesen sei. Hinzugefügt werden muß, daß Wunderlich nicht Archäologe, sondern Paläontologe ist. Es kommt ja oft vor, daß Spezialisten aus anderen Wissensgebieten ein neues Licht auf scheinbar bereits endgültig gelöste Probleme werfen oder mindestens eine fruchtbare Diskussion anregen. Gewiß rührt das daher, daß sie weniger an gedankliche Schemata gebunden sind und nicht für gesichert halten, was noch möglicherweise Gegenstand von Überlegungen und Zweifeln ist.

Für Wunderlich also war Knossos nicht der Sitz der kretischen Könige, wie es Evans gewollt und alle nach ihm einmütig bestätigt hatten, sondern ein Palast der Verstorbenen, eine Totenstadt, ein riesiger Friedhof. Vom Leben der Minoer hätten demnach ähnlich wie von der Zivilisation der Etrusker nicht ihre einst pulsierenden Häfen und Städte gezeugt (die im übrigen von Invasoren erobert und umgebaut wurden), sondern die stillen Buchten des Todes, die weiträumigen Nekropolen, die von Schatten bewohnten Bezirke, die Grabstätten, die dauerhafter waren als die Häuser der Lebenden.

Die Vergänglichkeit des Materials, aus dem Knossos erbaut wurde, gab Wunderlich zu denken. Holzsäulen, dünne Wände, Gips und mit Alabaster belegte Treppen waren eher für barfüßige Opferprozessionen geschaffen. Dabei sind die Zimmer klein und oft ohne Fenster, obwohl Evans sie mit allerlei Namen versehen hatte, die königlichen Glanz suggerierten. So kann zum Beispiel der »Thronsaal« mit Mühe zwanzig Personen fassen. Der Schluß daraus: es waren eher Krypten als Wohnräume.

Evans hatte zwar bei seiner Rekonstruktion den »Wirtschaftsbereich« abgesondert, doch ist dieser überraschend dürftig im Vergleich zu dem riesigen Palast, er verfügt nicht über die nötige Anzahl von Gebäuden für Werkstätten, Küchen oder Ställe.

Die hygienischen Einrichtungen, die Spuren von Kanalisations- und Wasserleitungen, die bei den Touristengruppen all-

gemeine Begeisterung auslösen, können eine ganz andere Bedeutung gehabt haben, als man annimmt. Waren die riesengroßen, anderthalb Meter hohen Pithoi tatsächlich, wie der Entdecker annahm, Ölbehälter, wenn man doch Knochenreste darin gefunden hat? Und sind die mit einem Blumenornament geschmückten Wannen nicht vielmehr Sarkophage?
Das geheimnisvolle Kreta wehrt sich mit zusammengepreßten Lippen und geschlossenen Augen.
Eine seismische Insel, oft geprüft vom Zorn Poseidons, eine Insel unsicherer Häuser und schwankender Hypothesen.

V

> Wirklich, es ist die erste Zivilisation der Weißen; aber zugleich wie eine in der Sonne schillernde Lagune der Maori-Welt; weder mit der »Ilias« noch mit der »Odyssee« können wir diese höfischen Vergnügungen in Verbindung bringen, bei denen nackte Prinzen mit Straußenfedern im Haar ihre Speere vor einer Phädra mit entblößten Brüsten neigten . . .
>
> *André Malraux*

Was an der minoischen Zivilisation am meisten überrascht und sie meinem Empfinden nach der etruskischen annähert, ist der Mangel an pomphafter Größe, an Majestät, an düsterer Macht, wie sie die Denkmäler Ägyptens und Assyriens, die Pyramiden, die drohende Sphinx, die Steintafeln mit den Inschriften von der Rache des Königs der Könige ausstrahlen.
Mehr noch, es hat sich kein Porträt eines Herrschers erhalten, aus dessen drohenden Zügen, hieratischer Pose oder auch riesenhaften, alles und alle niederdrückenden Körpermaßen man Wahn und Verbrechen jener Zeiten hätte ablesen können. Es scheint, als hätten die Könige von Kreta sanft regiert und als wären sie unbemerkt, mit einem bei Herrschern seltenen Takt und mit Diskretion zu ihren Göttern einge-

gangen. Aber vielleicht ist das unsere Illusion, die aus dem Bedürfnis erwächst, an ein goldenes Zeitalter, an eine unschuldige Kindheit der Menschheit zu glauben.

Am besten begibt man sich nach Kreta direkt aus Mykene. Das ist keine dem Fahrplan entnommene Vorschrift, beide Orte verfügen nicht einmal über eine direkte Verbindung, aber wenn wir die Augen in Mykene schlössen und in Knossos öffneten, erlebten wir einen Schock und verstünden den wesentlichen Unterschied in Stil und Geist dieser beiden Zentren der Mittelmeerkultur.

Der Sachverhalt ist aus den Lehrbüchern der Kunstgeschichte gut bekannt, aber eine Überprüfung mit eigenen Augen hat die unwiderstehliche Kraft einer Enthüllung.

Den Mittelpunkt des mykenischen Palastes bildet das Megaron, ein abgesonderter Saal, ziemlich dunkel und nicht allzu groß, gerade richtig, um den König und die Anführer zu beherbergen, wenn sie sich vor einem Raubzug beraten. Charakteristischste Eigenart dieses architektonischen Ensembles ist die Unmöglichkeit seiner Erweiterung nach außen, die Stickluft, die Abgeschlossenheit in der schweren Rüstung der Mauern. Ein mehr tiefer als weitläufiger Wohnsitz, wie nach dem Vorbild einer Höhle entworfen, dazu mit einem einzigen, nicht allzu breiten Eingang, der sich vor ungebetenen Gästen leicht zuschlagen läßt. Die Dächer der Gebäude fallen nach zwei Seiten ab, offenbar wurden sie hierher mitgebracht aus einem Land des Nebels und des Regens. Mit einem Wort, eine Burg, die durch ihre Atmosphäre an mittelalterliche Festungen mit abgründigen Verliesen erinnert.

Wie anders der Königspalast in Knossos mit seiner großen Zahl von Sälen und Zimmern, um einen Zentralhof gruppiert; ein riesiges architektonisches Ensemble, fast eine Stadt, nicht mit Mauern bewehrt (was Verwunderung und Bewunderung weckte), ganz offen für Wind und Sonne. Er machte auf mich den Eindruck einer Honigwabe, weil er beliebig erweitert werden konnte, ein »aufblühendes System« also, dabei beruhte seine »Begrenztheit« auf dem vollkommenen Hineinwachsen in das Terrain, auf der natürlichen Ausnützung der Erhebungen und der Hänge. Von der Hügelkuppe steigen Terrassen herab, schön wie eine Kaskade. Es ist eine bis zur Grenze des Theatralischen malerische Architektur, die mehr an die aufgetürmten Dekorationen einer großen Oper erinnert, als an einen Königssitz, einen erhabenen Felsenthron, ein Bauwerk, das Strenge und Kraft auszustrahlen hat. Dieser allgemeine Eindruck ist so unwiderstehlich und augenfällig, daß man über seine Wurzeln und Ursachen nachdenken muß.

Vor allem ist schon das Baumaterial leicht, brüchig und für gigantische Konstruktionen nicht geeignet. Hier gibt es keine Spur von den für die mykenischen Bauwerke so charakteristischen zyklopischen Mauern. Die Wände aus kleinen, mit Mörtel verbundenen Steinen sind dünn, die Säulen aus Holz, die Fresken verwandeln rohe Flächen in bunte Vorhänge.

Weder die Art des Baustoffs noch das Vorhandensein der Malerei erklärt alles. Ich denke, der Eindruck des Theatralischen ergibt sich aus den künstlerischen Voraussetzungen der minoischen Baumeister, aus ihrer Ästhetik. Damit erklären sich die zahlreichen Ebenen, der Wechsel der räumlichen Rhythmen, die große Zahl der Treppen, Lichtschächte und überraschenden Perspektiven. Mit einem Wort, eine bewegliche, launische, die Monumentalität verspottende Architektur. Dazu der unerhörte Komfort, die Bäder, das Wasserleitungssystem, das man noch dreitausend Jahre später in italienischen oder französischen Schlössern vergeblich sucht. Man möchte sagen, das sei kein Ort einer mächtigen Herrschaft oder des Verbrechens, sondern ein Ort unschuldiger Intrigen und Liebeleien.

Das ist der Eindruck, und viele Seiten wurden beschrieben zu Ehren dieser ersten Zivilisation, die voll von Glück, Friede und Freude gewesen sein soll. Wir Kinder der Skepsis aber wissen zuviel von den Lügen einer Kunst, die die Wirklichkeit mit Zuckerguß überzieht, als daß Fresken mit Delphinen, Blumen und eine menschlich lächelnde Göttin unsere Wachsamkeit einschläfern könnten.

Dennoch ist es erstaunlich: weder die Architektur noch die Fresken (abgesehen sogar von den stümperhaften Rekonstruktionen), noch die Skulpturen oder eigentlich das Fehlen monumentaler Skulpturen entscheiden über die Größe der kretischen Kunst, sondern die kleinen Figuren aus Fayence und Lehm, die großartige Keramik, die einzelnen gravierten Steine, die Siegel und Schmuckstücke, als wäre auf der Insel des Minos das Leben ein Vergnügen gewesen, ein etwas seichtes, oberflächliches, sorgloses Spiel ohne Ekstase, Leidenschaft und Leiden.

Ein Kenner der kretischen Welt, der englische Gelehrte M. I. Finley, schreibt: »Es gibt hier ein Paradoxon: Wenn es um die Mobilisierung von Menschen und Materialien ging, arbeiteten die Palastbaumeister in großem Maßstab, während alles andere daneben in kleinem Maßstab gehalten war, sowohl im materiellen wie im emotionalen Sinn. Es sieht so aus, als hätten weder die Religion noch die Königsmacht etwas anderes verlangt. Auch hat man den Eindruck, vom Beginn der mittleren Periode an sei das Leben, was die Institutionen und die Ideologie betrifft, stabilisiert gewesen, es habe ein Gleichgewicht gefunden, das fünfhundert oder sechshundert Jahre lang nicht ins Wanken geriet. Es waren in jeder Hinsicht sichere Jahre, Jahre passiver Sicherheit, nichts trieb zu Veränderungen oder zu Rebellionen. In diese Zeit fällt die bedeutsame Vervollkommnung der Technik, die Bevölkerungszahl stieg, die Paläste wurden ständig vergrößert, doch alles das fand sozusagen auf einer Horizontalen statt.

Und plötzlich kam die große Naturkatastrophe um 1400 v. Chr., fast von einem Tag auf den anderen wurden die Paläste auf ganz Kreta zu Ruinen, und zwar für immer. Wir wissen nichts von den Einzelheiten dieser Katastrophe; die aus jener Zeit stammenden Täfelchen mit der Linearschrift

B schweigen darüber gänzlich. Aber die Ruinen sind ein hinlänglicher und unumstößlicher Beweis. Niemand konnte dieses kleine Volk von nun an mobilisieren und regieren, wie das die früheren Könige sechshundert Jahre lang gekonnt hatten.«

Die bekannteste mit Kreta verbundene griechische Sage ist die Geschichte vom Minotaurus. Erinnern wir uns daran in äußerster Kürze. Der mächtige König Minos bekam von Poseidon einen schönen Stier zum Geschenk. Minos' leichtsinnige Frau verführte den Stier. Aus dieser Verbindung entstand der Minotaurus, ein Ungeheuer mit Tierkopf und Menschenkörper. Um seine Schande zu verbergen, ließ der König von Kreta Dädalus das Labyrinth bauen. Alle neun Jahre brachten die Athener, die damals unter Kretas Herrschaft standen, das Opfer von sieben Mädchen und sieben Jünglingen aus den besten Familien dar. Und der Minotaurus verzehrte mit Behagen die Blüte der athenischen Jugend.

Theseus, Sohn des athenischen Königs, wurde mit jenem düsteren Tribut ausgesandt. In Kreta angekommen, verführte er Minos' Tochter Ariadne. Mit Hilfe ihres Geschenks, eines Fadenknäuels, drang er in das Labyrinth ein und tötete den Minotaurus, worauf er mit Ariadne, ohne von Minos verfolgt zu werden, zu Schiff in seine Heimatstadt zurückkehrt.

Man kann die Theseus-Sage vielfach interpretieren wie alle Sagen, die das Volksmärchen mit religiösem Mythos verbinden. Ihr Held verkörpert die typisch griechische Bewunderung für die List – oder die Intelligenz –, die über dunkle Kräfte triumphiert, den Sieg der rationalen Ordnung über das Chaos. Manche vermuten in der Geschichte die Transfiguration der historischen Tatsachen, nämlich des Prozesses der Befreiung Athens von der kretischen Herrschaft. Bei dieser Interpretation avanciert Theseus zur Rolle des Liberators, des politischen Helden, des Anführers der athenischen Revolte, der sein Land vom fremden Joch befreit.

Es ist eine griechische, eine anti-kretische Sage, und wie alles, was nur anti ist, tut sie Unrecht. Denn Minos war sogar in der hellenischen Tradition das Symbol der Gerechtigkeit, nicht der Grausamkeit, und die Götter haben ihn nach seinem Tod zu einem der Richter im Schattenland des Hades gemacht. In der kretischen Ikonographie gibt es keine Darstellung des Minotaurus, der Stier dagegen ist allgegenwärtig, aber niemals wird er als bösartiges Ungeheuer dargestellt, ganz im Gegenteil, meist als Opfer (auf dem berühmten Sarkophag aus Hagia Triada) oder als Tier bei Spielen, Wettkämpfen und Festen (das Fresko im Palast von Knossos mit der unblutigen Tauromachie).

Auch die griechische Kunst stellt den Minotaurus nicht in abstoßender oder Angst und Schrecken erregender Gestalt dar. Ich erinnere mich gut an eine schöne Amphore im schwarzfigurigen attischen Stil, auf welcher der ungleiche Kampf des Theseus mit dem Tier dargestellt ist; ein leichter Sieg des Menschen. Der Minotaurus liegt auf den Knien. Theseus umfaßt mit der Linken in Ringerpose den Hals des Minotaurus, seine Rechte aber stößt ihm das kurze Schwert in den Hals. Der Minotaurus ist schön und wehrlos. Er hat einen wohlgeformten Jünglingskörper mit Stierkopf. Von seinem Nakken fließt ein Blutzopf zur Erde.

Armer Minotaurus! Ich empfand für ihn von frühester Kindheit an mehr Zärtlichkeit als für Theseus, Dädalus oder die anderen Schlauköpfe. Als mir mein Vater die Sage zum ersten Mal erzählte, spürte ich einen schmerzlichen Krampf im Herzen und ein tiefes Mitleid für das Halb-Tier, den Halb-Menschen, den das Labyrinth und die ihm fremde menschliche Geschichte voller Arglist und Heuchelei gefangenhalten.

Gewiß hat Maciuś dazu beigetragen, mein privater, unter der Kellertreppe wohnender Minotaurus, dem ich wohlschmeckende Opfer darbrachte, Opfer meiner gebändigten Naschsucht, Schokolade und für ihn unnütze Bonbons, Prozessionen gleichsam und Glockengeläut. Seinetwegen mußte ich ein strenges elterliches Tabu brechen, das Verbot, mich mit Tieren, Trägern von Krankheitskeimen, einzulassen, obwohl es doch eine schlimmere Krankheit, ja eine Verkrüppelung ist, dem in uns seit dem Paläolithikum eingewurzelten Gefühl der Achtung und Ergebung in den Willen des Unbekannten zu widerstehen. Maciuś verdanke ich, daß die spätere Lektüre der Mystiker für mich nicht völlig unverständlich blieb; er war mir unzugänglich, mit fremdem Leben erfüllt, er antwortete selten mit einem Schnurren auf meine Liebeslitaneien, meine Bezeigung hochtrabender Verehrung, und schaute aus seiner Katergöttlichkeit gelassen auf mich herab.

Um aber zum Thema zurückzukehren – kann man überhaupt von einer Geschichte des antiken Kreta sprechen, da doch mit Ausnahme der kärglichen griechischen oder ägyptischen Überlieferungen die schriftlichen Quellen fehlen? Das ganze Zeugnis für eine lange Geschichte sind eigentlich nur die materiellen Spuren: Haus- und Palastruinen, Keramik, Fresken, Statuetten aus gebranntem Ton, Sarkophage. Wir kennen nicht einmal die Namen der Könige aus der minoischen Dynastie, wir wissen nichts über die Kriege, die sie führten, und nichts über die Kolonien, die sie wahrscheinlich auf den Nachbarinseln gegründet haben. Die Heimat der Phädra, der Ariadne, des Minotaurus, des Androgeos, die Wiege des Zeus – die von der Mythologie bevorzugte Insel – verschweigt schamhaft ihre erdgebundene politisch-soziale Geschichte.

Die Entzifferung der Linearschriften hat nicht viel Licht auf die Historie Kretas und seiner Bewohner geworfen. Im wesentlichen brachte Chadwicks und Ventris' geniale Entdekkung, dieser bezwungene Mount Everest der griechischen Archäologie, wie man es nannte, die wichtige Bestätigung der Eroberung Kretas durch die Griechen, außerdem aber ein ziemlich monotones Verzeichnis von Gegenständen, als wäre diese Schrift für Buchhalter erdacht und nicht für Dichter, Propheten und königliche Chronisten.

Ob die Minoer ihre Aöden, ihren Homer, ihre Epen hatten, eine Literatur besaßen? Vielleicht war sie auf vergänglichem Material niedergeschrieben, auf Papyrus oder Baumrinde, und die Palastbrände haben sie für immer dahingerafft. Die Fresken, Siegel und Gemmen stellen Priester, Sänger und Musiker dar, doch auf keinem der bekannten ikonographischen Dokumente hat sich das Porträt eines Troubadours oder wenigstens eines Schreibers erhalten.

Über die minoische Religion ist viel geschrieben worden, denn nichts beflügelt die Vorstellungskraft der Gelehrten mehr als das Fehlen von Dokumenten und unbestrittenen Zeugnissen. Die Religionswissenschaftler, diese Dichter der Humanistik, erliegen oft dem magischen Denken, das von der Überzeugung gekennzeichnet ist, »alles verbinde sich mit allem«. Mit Hilfe riskanter Analogien und formaler Ähnlichkeiten in der Symbolik errichten sie glanzvolle Theorien und bringen zeitlich und räumlich weit voneinander entfernte Zivilisationen, die den Laien befangen und betroffen machen, miteinander in Verbindung.

Im archäologischen Museum in Heraklion fesselte meine Aufmerksamkeit ein Gegenstand, der die Vorstellungskraft nicht so sehr durch seinen ästhetischen Wert als vielmehr durch seine geheimnisvolle Bestimmung einnahm. Es ist eine in Knossos gefundene, mit Bergkristall, blauer Glaspaste sowie kleinen Stücken von Silber- und Goldblech ausgelegte Elfenbeintafel. Dieser Gegenstand diente, wie man vermutet, als Feld für ein Würfelspiel, weshalb man es »Schachbrett« zu nennen pflegt. Worin aber hatte das Spiel bestanden? War es ein reines Glücksspiel, oder setzte es Intelligenz und Kombinationsgabe voraus? Wurde es von zwei oder von mehreren Personen gespielt? Und was mich am meisten interessierte – was war es seinem Wesen nach: ein sinnloses Spielchen, um an regnerischen Winterabenden die Zeit totzuschlagen, oder ein Wettkampf, der große Leidenschaften entfesselte?

Ähnlich verhält es sich, wenn wir mit längst vergangenen

Kulten und Glaubensvorstellungen in Berührung kommen; doch soll diese Analogie nichts Flüchtiges hervorrufen. Alle sind sich nämlich darin einig, daß die Grundlage der alten Zivilisationen, also auch der minoischen, die Religion war. Sie inspirierte nicht nur die Kunst, sondern auch die Institutionen. Alle anderen Lebensgebiete konnten sich allein in Harmonie mit ihr und unter ihrem übermächtigen Einfluß entwickeln. Die minoischen Funde bezeugen dasselbe. Die ausgegrabenen Sanktuarien, die riesige Anzahl von Kultgegenständen, auch die Malereien und Gravierungen überliefern, wie es scheint, eine ziemlich getreue und detaillierte Beschreibung der Bräuche. Doch es ist, wie Picard gesagt hat, ein schön illustriertes Buch ohne Text. Wir können manchmal die Schrift der toten Zivilisationen entziffern, aber wir können nicht in den Seelen der längst Verstorbenen lesen.

Über die minoische Religion läßt sich immerhin einiges sagen, ohne daß man zu riskanten Hypothesen Zuflucht nehmen müßte. Ein Charakterzug dieser Religion ist die Vorliebe für Symbole, sie rufen eine Stimmung der Heiligkeit und der Anwesenheit Gottes hervor, ohne die Notwendigkeit, den Gott sichtbar zu machen. Das soll nach Meinung der Kenner eine hohe Stufe des Spiritualismus beweisen.

Fetischistische Elemente sind wie in anderen primitiven Religionen sehr zahlreich, man möchte sagen, allgegenwärtig. Gegenstand der Verehrung waren Felsen, Stalaktiten in Höhlen, hölzerne Pfeiler und Steine, sogenannte Baityloi. In Phaistos hat man einen goldenen Siegelring gefunden, der den Tanz einer nackten Frau vor einem Baitylos darstellt, dem Prototyp der Säule, die, ehe sie zum schlichten Architekturelement wurde, ein Gegenstand des Kultes war. Eine große Rolle spielten die Doppeläxte, die wir auf Fresken, Keramiken und Gemmen finden und die oft aus Stein, Bronze, Silber, ja sogar Gold angefertigt waren. Was bedeutete diese sonderbare Axt? War sie das heilige Instrument religiöser

Opfer oder das Zeichen des Blitzes und seiner Macht oder vielleicht die symbolische Verbindung einer männlichen und einer weiblichen Gottheit? Die Ansichten der Kenner sind geteilt. Eines scheint sicher zu sein, von ihrem – übrigens nicht griechischen – Namen »Labrys« stammt der Name des Palastes des Minos. »Labyrinth« würde also »Palast der Dopeläxte« bedeuten.

Gegenstand des Kults waren auch Bäume: Pinien, Palmen, Oliven und Zypressen, sowie Tiere, Schlangen, Tauben, Affen, Löwen und natürlich der Stier, der eine Sonderstellung im kretischen Bestiarium einnahm.

Schwer zu beantworten ist die wichtige Frage, in welcher Epoche die anthropomorphen Tendenzen auftauchen, anders gesagt, wann hinter Amuletten, Fetischen und Symbolen die Gottheit ein menschenähnliches Gesicht erkennen ließ. Eines ist jedoch gewiß: die Vorherrschaft der weiblichen Gottheiten, in der Anfangsphase sogar ihre Ausschließlichkeit wie in den Religionen des antiken Anatolien. Den für uns in vielen Einzelheiten unklaren kretischen Olymp regiert eine mächtige Naturgottheit, Beherrscherin der Welt, der Menschen, Tiere und Pflanzen, Herrin der Sonne und des Mondes, der Erde, des Meeres und der Hölle – die Große Mutter. Die riesige Zahl ihrer Darstellungen aus den verschiedenen Epochen erlaubt es, ihren vielen Attributen nachzugehen. Es gibt sie in Form von Terrakotta-Statuetten als Symbol der Fruchtbarkeit, umgeben von Tieren, von Löwen, Schlangen und Vögeln, sie erscheint auf Schiffen als Beschützerin der Navigation, ebenso in Helm und Rüstung, da sie auch die Göttin des Krieges war. Manche meinen, die Große Mutter sei die einzige Göttin der minoischen Religion gewesen. Diese Anschauung stieß auf recht entschiedenen Widerspruch der Religionsforscher. Im Mittelmeerbecken waren alle Religionen mit Ausnahme der jüdischen polytheistisch.

Die Minoer bauten keine Tempel wie die Griechen oder die Ägypter. Zu Anfang opferten sie in natürlichen Grotten wie der von Kamares am Hang des Ida oder von Psychro im Dikte-Massiv. Die neolithischen Bewohner jener Grotten bauten sich Häuser und traten ihre Plätze den Göttern ab. In der ersten Phase der mittelminoischen Periode erscheinen kleine, mit Bäumen und einer niedrigen Mauer eingefriedete Kultstätten auf Berggipfeln, rund um Felsen, in der Nähe von Quellen. Seit dieser Zeit beginnt auch der Bau von Kapellen in den Wohnbereichen, vor allem in den Palästen.

Die religiösen Bräuche der Kreter müssen, nach den erhaltenen Darstellungen auf Gemmen, Vasen und Siegelringen zu urteilen, ein atemberaubendes Schauspiel gewesen sein. Gewiß begannen sie mit einem Reinigungsakt, dann folgte das blutige Bocks-, Widder- und Stieropfer (bei großen Festlichkeiten tötete man bis zu neun Stiere, und diese Opfer sind häufig Thema der minoischen Kunst), danach die Libationen. Das Ganze schloß mit einer großen, bunten Prozession voller Tanz, Musik und Dämpfen aus Räuchergefäßen, die Ekstase erzeugten und die Götter und ihre Dämonen auf die Erde herabzogen.

Die Kultveranstaltungen wurden nicht von Priestern, sondern von Priesterinnen geleitet, was verständlich ist bei einer Religion, die die Große Mutter zur obersten Gottheit ihres Pantheons gemacht hat. Auf den kretischen Malereien kann man sie leicht an ihrer charakteristischen Kleidung erkennen; sie tragen auf der Brust offene Mieder, lange Lederröcke oder bis zu den Knöcheln reichende Kleider und auf den Köpfen Tiaren. Priester tauchen erst spät auf, ihre Rolle (ausgenommen natürlich den König, den Hohenpriester des heiligen Stiers) scheint unbedeutend gewesen zu sein.

Ein rätselhafter Wald von Fragen ist also die Religion der Minoer. Es läßt sich nicht klären, inwieweit sie eine originale Schöpfung kretischen Geistes war und wo sie den Einflüssen anderer Religionen folgte. Wir vermuten, daß es Verbindungen zwischen dem ägyptischen Apis und dem Minotaurus sowie zwischen asiatischen Fruchtbarkeitskulten und der

Großen Mutter der Kreter gibt, doch die Art dieser Verbindungen ist unklar.
Ein römischer Historiker aus der Zeit Julius Cäsars, Diodor, schreibt: »Die Kreter sagen, die Verehrung der Götter, die Opfer, die Einweihungen, die Mysterien seien Erfindungen der Bewohner Kretas und die anderen Völker hätten sie von ihnen entliehen.« Dieser etwa anderthalb Jahrtausende nach dem Niedergang der minoischen Kultur ausgesprochene Satz ist bemerkenswert.
Die Griechen verdanken der Religion der Minoer viel. Dort ist die Sage von Zeus entstanden, der jahrhundertelang auf dem Olymp herrschte. Sehr wahrscheinlich ist auch, daß der Kult der Demeter, ihr Bestiarium, ihre agrarische Liturgie und ihre heiligen Spiele direkt aus dem Land des Minos auf den griechischen Kontinent kamen.

VI

Dann kamen furchtbare Erdbeben und Überschwemmungen, ein Tag und eine entsetzliche Nacht brachen an ... *Platon, Timaios*

Auf halbem Weg zwischen Thera und Therasia drang plötzlich Feuer aus dem Meer und dauerte vier Tage lang, so daß das Meer ringsum brannte und siedete. *Strabon, Geographia*

Mitten auf dem kleinen Venizelos-Platz steht der venezianische Morosini-Brunnen, rundum Restaurants und Cafés – der beliebte Ort abendlicher Begegnungen. Hier aß ich gewöhnlich Abendbrot und sann über die Katastrophe nach. Nichts nämlich begünstigt das Nachsinnen über das Weltende mehr als eine heitere Augustnacht, ein von stillen Sternen erfüllter Himmel und die Geschäftigkeit um das Abendessen. Der Untergang brach mit Sicherheit plötzlich, ohne Vorankündigung und ohne himmlische Zeichen herein.
Ich bemerke (das beunruhigt mich ein wenig), daß mich,

wenn ich über die Geschichte weit zurückliegender Zivilisationen nachdenke, die Frage nach der Ursache ihres Todes mehr interessiert als alle Probleme ihres Lebens, ihrer Herrlichkeit und Macht. Das ist wohl deshalb so, rechtfertige ich meine Faszination durch das Unheil, weil die Faktoren, die zum Phänomen der Entwicklung beitragen, sich rational erklären lassen: günstige geographische Lage, soziales Gleichgewicht, Klugheit der Monarchen und der Politiker. Dagegen steckt im Verschwinden der Staaten und Völker von der Landkarte der Welt ein Stück von Geheimnis des Schicksals, und es gehört zu den natürlichen Neigungen des Geistes, nach der einzigen Ursache zu suchen, der Erbsünde der Zivilisation, dem entscheidenden Augenblick, da der Gott über einem unwissenden und dumpfen Volk die Hand erhebt, um den Blitz zu schleudern.

Die Gelehrten sind sich im allgemeinen über das ungefähre Datum des Zusammenbruchs der minoischen Kultur einig, nicht aber über seine Ursache. Manche meinen, eine innere Revolution habe der minoischen Macht ein Ende gesetzt – eine zumindest riskante These, weil wir von der Gesellschaft des antiken Kreta wenig wissen. Andere sehen die Ursachen der Niederlage in der Invasion der Achäer. Am wahrscheinlichsten jedoch wirkt die Theorie, die das Verschwinden dieser Zivilisation durch eine ungeheure seismische Katastrophe mit Sturmflut und Feuersbrunst erklärt.

Es geschah plötzlich. Gerade fuhr ein Schiff mit herabgefierten Segeln in den Hafen ein, ein Bauer wendete den Pflug, eine Mutter wiegte ihr Kind, Minos diskutierte mit seinen Ratgebern über einen komplizierten Handelsvertrag, und ein Palastdiener kletterte auf einen Mast, um vor dem nahenden Fest einen Blumenkranz aufzuhängen. Da geschah es.

Bei den Ausgrabungsarbeiten entdeckte Evans augenfällige Spuren von Zerstörungen durch Erdbeben. Einige Räume des Palastes waren mit großen Steinblöcken »bombardiert« worden, die seismischen Kräfte aus weit entfernten Palastteilen herbeigeschaft hatten. Im übrigen erlebt der Entdecker in Knossos am 26. Juni 1926 selbst eine Serie von Erdstößen, was nicht ohne Einfluß auf seine späteren Vermutungen und Folgerungen blieb. Seit langem ist man bemüht, die Ausmaße der Katastrophe annähernd zu bestimmen und auch die Richtung festzustellen, aus der der Tod kam.

Hundert Kilometer nördlich von Kreta liegt die Insel Santorin, auch Thera oder Thira genannt. In früheren Zeiten trug sie den Namen Kallisti oder »die Schöne«, obwohl sie heute gewiß nicht zu den anziehenden Inseln des Archipels der Kykladen gehört. Sie ist nicht groß, ihre Fläche beträgt rund 75 km², und sie hat die eigenartige Form eines spiegelverkehrten C mit der Wölbung in östlicher Richtung. Aus der Vogelschau wirkt sie wie der ins Meer geworfene Kiefer eines vorsintflutlichen Ungeheuers. Zwei Kilometer westlich von Thera liegen zwei kleinere Inseln, Therasia und Aspronisia. Diese kleine Inselgruppe hat einen deutlich kreisförmigen Umriß, und es ist nicht schwer zu erraten, daß sie die Ränder eines früheren Vulkans darstellt. Davon zeugt übrigens auch ihr geologischer Bau. Vulkanische Felsen von grauschwarzer Farbe wachsen als unzugängliche Wand aus dem Meer. Die Mondlandschaft der Insel verwandelt sich nur in ihrem östlichen Teil – in einen grünen Garten südlicher Bäume und Weinberge.

Die Tätigkeit des Vulkans Santorin ist gut bekannt dank den Berichten des römischen Geographen Strabon, der mit epischer Kraft den Ausbruch im Jahre 198 v. Chr. beschrieben hat. Die Auswirkungen der Katastrophe erstreckten sich auf die Kykladen, auf Euböa, Phönizien und Syrien, und die Stadt Sidon wurde zu fast zwei Dritteln zerstört. »Eine glühende Insel tauchte aus dem Feuer auf ... als würde sie mit Hebelkraft emporgehoben.« Diese Insel besteht bis heute. Sie heißt Palaia Kaimene oder »Alte Verbrannte«. Die Chroniken berichten auch von heftigen tektonischen Erschütterungen gegen Ende des 16. und zu Beginn des 18. Jahrhunderts, in deren Folge neue Inseln entstanden sind.

Thera ist ein hochinteressantes Forschungsobjekt für Geologen und Seismographen, aber man hat nicht erwartet, daß sie auch den Archäologen wahrhaft überraschendes Material liefern würde. Auf der Insel befindet sich ein Bergwerk, wo Kupfer und vulkanischer Tuff gewonnen werden. In einem der Schächte stieß in den fünfziger Jahren unseres Jahrhunderts der griechische Wissenschaftler Angelos Galanopoulos auf Spuren eines Gebäudes aus Stein, menschliche Knochenreste und verkohlte Holzstücke. Die alarmierten Archäologen begannen systematisch zu forschen. Man legte eine Siedlung steinerner Häuser frei, eine Reihe von Gegenständen, ja sogar gut erhaltene Fresken. Eines davon – man hat sich den Namen *Einzug des Frühlings* ausgedacht – stellt rote Blumen und einen stilisierten Vogel im Flug mit offenem Schnabel dar. Dieses Fresko befindet sich seit einigen Jahren im Archäologischen Museum in Athen, und auf Grund einer einfachen Analyse der Technik, der Zeichnung und der verwendeten Farben kommt man leicht zu dem Schluß, daß es zum minoischen Kulturkreis gehört. Die Analyse der in den Häusern gefundenen organischen Reste, die man im amerikanischen Laboratorium nach der Radiokarbon-Methode untersucht hat, erlaubt es, sie auf den Anfang des 15. Jahrhunderts v. Chr. zu datieren.

Was aber hat das mit dem Palast des Minos auf Kreta zu tun? Wir antworten: möglicherweise sehr viel. Es wurde nicht nur die Anwesenheit der Minoer außerhalb Kretas entdeckt, es ist auch sehr wahrscheinlich, daß Thera das Epizentrum eines schweren Erdbebens war, das der minoischen Zivilisation ein Ende gesetzt hat. Daher kam nach begründeten Vermutungen die Vernichtung.

Es könnte paradox erscheinen, daß die Bedingungen für archäologische Arbeiten auf der Insel Thera viel günstiger sind als auf Kreta. Der Palast des Minos war mit einer dünnen

Erdschicht überzogen, deshalb waren die aufgedeckten Reste (besonders die Malereien) stark zerstört. Lava und vulkanische Asche haben sozusagen konservierende Eigenschaften, wovon das ausgezeichnet erhaltene Pompeji zeugt. »Ginge es nach den Wünschen der Archäologen«, meint arglos Leonard Woolley, der Entdecker von Ur, »müßten die antiken Städte durch einen Vulkan mit Asche zugeschüttet sein.« Bei den Grabungen auf der Insel Thera muß man sich durch eine 30 Meter dicke Schicht vulkanischer Produkte hindurcharbeiten, doch die Beute der Archäologen kann sich als höchst überraschend erweisen und unser Wissen von der ältesten Mittelmeer-Zivilisation verändern. Die Enthusiasten dieser Fundstelle gehen in ihren Erwartungen so weit zu behaupten, gerade hier und nicht in Knossos habe sich die Hauptstadt und das Zentrum der minoischen Macht befunden. Diese waghalsigen Hypothesen stehen im Zusammenhang mit der Sage vom versunkenen Atlantis, worüber gleich zu reden sein wird.
Konnte aber der Ausbruch des Vulkans auf der kleinen Insel eine so verheerende Verwüstung anrichten? Bedenken wir doch, daß nicht nur Knossos der Katastrophe zum Opfer fiel, sondern auch Phaistos, Hagia Triada, Tylisos, Amnisos, Mallia, Pseira, Gournia und auch Palaiokastro und Zakros – also ganz Kreta. Die homerische Insel mit ihren hundert Städten wurde im Laufe eines einzigen Tages zur finsteren Ruine.
Die Seismographen und Geologen sagen, es hätte durchaus sein können. Vor der Eruption, behaupten sie, war die Insel Thera dreimal so groß wie heute. Auf ihr gab es einen vulkanischen Berg von 1500 Meter Höhe. Die Katastrophe selbst verlief ihrer Ansicht nach ähnlich wie die Explosion des Vulkans Krakatau 1883.
In den wissenschaftlichen Arbeiten und auch in den Tageszeitungen unserer Urgroßväter ist sie genau beschrieben. Die in die Atmosphäre geschleuderte Schicht vulkanischen Staubs hüllte Java und Sumatra in undurchdringliche Nacht, die

48 Stunden dauerte. Am Entstehungsort des Strudels erreichte die Flutwelle eine Höhe von 40 Metern und spülte 265 Dörfer von der Erdoberfläche hinweg. 36 000 Menschen verloren das Leben. Aschenregen fiel noch 2500 Kilometer vom Explosionsort entfernt.

Eine solche Katastrophe könnte sogar die Vorstellung von Autoren übertreffen, die den Atomkrieg beschreiben. Die Seismographen behaupten jedoch, der Ausbruch des Vulkans auf der Insel Thera sei viermal stärker gewesen. Der Rauch- und Feuerpilz war Hunderte von Kilometern weit zu sehen. Der blutrote Regen dauerte wochenlang. Die Asche wurde bis nach Zentralafrika und ans Ende Europas getragen. Eine 30 Meter hohe Welle überschwemmte etwa 15 Minuten nach dem Vulkanausbruch die Küste Kretas. Die Explosionskraft übertraf mehrmals die Stärke der über Hiroshima und Nagasaki abgeworfenen Bomben.

Kein Wunder, daß die Erinnerung an diesen Kataklysmus von Generation zu Generation weitergegeben wurde. Wir finden sie in Sagen, heiligen Büchern und Schriften antiker Autoren. Sie taucht im griechischen Mythos von der Sintflut des Deukalion auf. In einem ägyptischen Papyrus aus der 18. Dynastie lesen wir von »einer langen Nacht, Donner und Überschwemmungen und Tagen, da die Sonne am Himmel blaß war wie der Mond ... Es war nicht möglich, das Haus zu verlassen, heftige Stürme tobten neun Tage lang ... O daß doch endlich das Dröhnen der Erde verstummte ...«

Und schließlich die Bibel selbst. Nach Ansicht der Wissenschaftler stimmt der Bericht über die zehn Plagen, die über Ägypten kamen und in den Büchern Mosis beschrieben werden, genau mit den Begleiterscheinungen einer großen Vulkanexplosion überein: plötzliche Verwandlung des Tages in Nacht, Donner und Hagelschlag, Feuerregen, Epidemien, blutrotes Wasser. Der kluge Moses nutzte die Entfesselung der Elemente und führte sein Volk aus dem Land des Pharao. Der wunderbare Durchzug durch das Rote Meer war nach der Meinung des Galanopoulos möglich infolge der sogenannten Tsunami-Wellen, die mit einer Geschwindigkeit von einigen hundert Stundenkilometern dahinrasen. Wenn wir beachten, daß die Auftürmung der Wellen zur Zeit der Eruption auf der Insel Thera im Zentrum des Strudels die schwindelerregende Höhe von vielen Dutzend Metern betrug, konnte das Bewegungen der Wassermassen auch in Becken verursachen, die Hunderte von Kilometern vom Ort der Katastrophe entfernt liegen.

Die Entdeckungen auf der Insel Thera fanden ein so großes Echo, daß sie zur Entstehung einer neuen Theorie in der Atlantologie führten. Zwar halten viele die Atlantis-Sucher für sanfte Irre und die Atlantologie für eine fragwürdige Wissenschaft, da sie seit so vielen Jahrhunderten den Gegenstand ihrer Forschung nicht finden kann. Wenn man jedoch bedenkt, daß wir in einer Zeit verwirklichter Phantasie leben, lohnt es sich wohl, auch dieser Frage einen Augenblick Aufmerksamkeit zu schenken.

Schuld an allem ist Platon. In zwei gegen Ende seines Lebens geschriebenen Dialogen spinnt er »die sehr seltsame, aber überaus wahrscheinliche Geschichte« von einem versunkenen Kontinent, die Geschichte, die einer der Sieben Weisen von den ägyptischen Priestern vernommen haben soll.

»Timaios« und »Kritias« gehören zu den rätselhaftesten Werken des Athener Philosophen und haben eine große Menge von Kommentaren, Glossen und Erklärungen ausgelöst. Beide Dialoge sind gewiß aus pythagoräischen, möglicherweise auch aus ägyptischen und orientalischen Anregungen entstanden. Sie sind große Poeme über das Weltall, seine Entstehung und die längst vergangenen Zeiten, aber bereits der nüchterne Aristoteles bemerkte, sie seien ein Erzeugnis der Phantasie Platons und ohne jede wissenschaftliche Grundlage. Die Atlantologen stört das allerdings nicht. Sie fügen dagegen ein paar Korrekturen zur Chronologie und Topographie der vermeintlichen Atlantis an.

Manche von ihnen meinen – offensichtlich unter dem Einfluß der Entdeckungen auf der Insel Thera –, Atlantis habe im Ägäischen Meer gelegen. Platon lokalisiert sie zwar im Atlantischen Ozean, doch die Anhänger der Theorie von Atlantis im Ägäischen Meer sagen, die antike Geographie sei voller Lücken, Widersprüche und irreführender Informationen. Aber wie verhält man sich gegenüber der Behauptung Platons, Atlantis sei eher ein Kontinent als eine Insel gewesen, größer als Libyen und Asien zusammen, und die Katastrophe habe sich neuntausend Jahre vor Solons Aufenthalt in Ägypten ereignet? Auf die letzte Frage wird geantwortet, Solon sei nicht besonders stark gewesen im Entziffern der Hieroglyphen und habe das Symbol hundert für tausend gelesen. Nehmen wir also an, der Besuch der griechischen Weisen in Ägypten habe, der Tradition entsprechend, im Jahre 570 v. Chr. stattgefunden, und fügen wir 900 Jahre hinzu, so erhalten wir das Jahr 1470, also ein Datum in der Nähe der minoischen Kultur und des Vulkanausbruchs auf der Insel Thera. Darf man indessen Platons Jahrtausende oder auch Jahrhunderte so wörtlich nehmen? Bedeuten sie nicht nur: vor langer Zeit?

Im Archäologischen Museum in Heraklion befindet sich ein Gegenstand, den man den Diskus aus Phaistos nennt. Vor ihm habe ich lange Zeit verbracht, ja sogar eine genaue Nachzeichnung von ihm in der geheimen Hoffnung angefertigt, ich könnte vielleicht einmal erleuchtet werden, mir könnte gelingen, was vielen Wissenschaftlern nicht gelungen ist; ich phantasierte davon so intensiv, bis mir eines Nachts träumte, ich solle das Ergebnis meiner überraschenden Entdeckung verkünden; ich stand hinter einem hohen Rednerpult, vor mir ein Kreis hervorragender Gelehrter mit Humboldt und Schliemann und ..., alle aus dem 19. Jahrhundert, bronzefarben wie auf Daguerreotypien; in der ersten Reihe saß mein Gymnasialprofessor für Latein, den man wohl eingeladen hatte, damit er Zeuge des Triumphes seines genialen Schülers werde; alle sahen mich an, nur mein Lehrer hatte den Blick auf den Boden geheftet, was ich erst verstand, als ich meine Notizen hervorholte und aufschlug – es waren weiße, entsetzlich leere Blätter, ohne jedes Zeichen, ohne jeden Fleck; ich verbeugte mich und schwieg, dann verbeugte ich mich wieder und schwieg noch länger, bis das Geflüster und das gedämpfte Gelächter aus dem Auditorium zu mir drang, also stürzte ich mich in die Flucht, unterdrückte einen Schrei des Grauens und rannte durch Wiesen, Sümpfe, einen Wassergraben, einen Wald, bis ich völlig durchnäßt am Rande der Besinnung erwachte. Seither habe ich mir alle Träume von der Entzifferung des Diskus aus Phaistos strengstens untersagt und sogar aufgehört, an ihn zu denken, und wenn ich es dennoch tat, dann waren es schlimme Gedanken, zum Beispiel, er sei eine Fälschung, der bösartige Scherz irgendeines zurückgewiesenen Archäologen.

In Wirklichkeit ist der Diskus aus Phaistos, dieses weitere kretische Rätsel, eine Platte aus gebranntem Ton in Form eines nicht ganz gleichmäßigen Kreises von 2 cm Dicke und 16 cm Durchmesser. Diese Platte ist auf beiden Seiten mit spiralförmig laufenden hieroglyphischen Zeichen bedeckt. Zu allem Übel sind diese Hieroglyphen anders als die uns bekannte, wenn auch noch nicht entzifferte Hieroglyphenschrift der Minoer. Sie waren, wie es scheint, Vorläufer Gutenbergs, denn jedes Zeichen ist mit einem besonderen Stempel, dem Prototyp einer Letter, eingepreßt.

Der Diskus aus Phaistos wurde 1908 in den Ruinen des Palastes gefunden. Manche Forscher meinen, er stamme aus dem Kreta der mittelminoischen Periode, andere jedoch halten dafür, er sei aus Kleinasien importiert. Man hat auf dem Diskus 45 verschiedene Zeichen festgestellt. Sie sind sehr deutlich und stellen Menschenköpfe, ganze Figuren, Werkzeuge, Gefäße, Vögel, Blumen, Fische und eine Anzahl schwer zu bestimmender Ideogramme dar: punktierte Kreise, Rechtecke,

geometrische Figuren, Wellenlinien. Jeweils nach mehreren Zeichen tritt ein senkrechter Strich auf, von dem man aber nicht weiß, ob er, wie manche vermuten, eine Interpunktion ist.
Der französische Forscher Marcel F. Homet hat, auf eine bestimmte Ähnlichkeit der Hieroglyphen aus Phaistos mit indianischen Felsgravierungen aus Südamerika gestützt, den Schluß gezogen, dieses einzigartige kretische Denkmal sei nicht mehr und nicht weniger als ein Brief der letzten Bewohner von Atlantis mit der Beschreibung der Katastrophe und des Schicksals der wenigen, die heil davongekommen waren. Ernsthafte Wissenschaftler verweisen Herrn Homets Theorie jedoch unter die Märchen.

VII

Die Zeit der Abreise aus Kreta naht. Noch nie hatte ich den Staub der Geschichte so geduldig abgewischt, noch nie so eifrig alte Steine in mich hineingeschluckt, also verwischten sich allmählich die Konturen der Zeit, der Vergangenheit und der Gegenwart, denn nur in diesen beiden Elementen kann der Mensch wirklich in der Fülle leben; also verschob ich den Abreisetag und teilte meine dahinschmelzenden Drachmen sorgsam ein wie noch nie, um dem Schicksal noch einen Tag, noch zwei abzuluchsen; ich sagte mir, Kreta – das sei nicht nur Heraklion und Knossos, ich müsse wesentlich mehr sehen, denn sehen heißt glauben, und ich wollte glauben an die Realität der Großen Mutter, des Entdeckers Evans, des schneebedeckten Ida-Gipfels und der Zitronen, die gerade im Messara-Tal reiften.
Ich trieb mich also auf Kreta herum, immer in überfüllten Autobussen; aus den kreischenden Lautsprechern rieselten heiser wie Kiesel Volkslied-Melodien, ich wanderte in diesen Lärmschachteln von der Mirabello-Bucht bis zum Kap Spada

und vom Norden nach Süden, vom Ägäischen zum Libyschen Meer. Ich besuchte viele Orte, darunter Mallia mit den Spuren eines minoischen Palastes, Gournia, dieses, wie man richtig gesagt hat, Pompeji der armen Leute, Gortyn, wo sich wie nirgendwo auf der Insel die Trümmer vieler Kulturen zusammen mit den sichtbaren Spuren der Römer, der in fester Antiqua auf eine Mauer geschriebenen Gesetzestafel, erhalten haben. Die Reste der königlichen Villa in Hagia Triada und Kretas schönste Ruine Phaistos.

Ein Lob den italienischen Architekten, denen man Phaistos anvertraut hat. Die Ruine ist rein, ohne prätentiöse Rekonstruktionen, das ganze Gegenteil von Knossos. Alexandros führte mich herum, derselbe, den Henry Miller in seinem besten Buch »The Colossus of Maroussi« beschrieben hat. Ich zweifle nicht daran, daß Alexandros nach seinem langen Leben der Schutzheilige der Fremdenführer, ein Sanctus Cicerone werden wird. Er tut Wunder, er kann nämlich aus den Steinen Leben und aus den blasiertesten Menschen Begeisterung schlagen.

»In unserem Palast«, sagt er, »sind die Zimmer niedrig, weil die Minoer wie ich von kleinem Wuchs waren. Ich bin ein Minoer.« Er lächelt die ganze Zeit, aber während er dies sagt, wird er ganz ernst. »Wir hatten hier keine schlechteren sanitären Einrichtungen als in Knossos. Ich meine sogar, bessere ...«, und schon schleppt er uns zu den Spuren der Kanalisationsgräben, heißt uns vorbeugen, die Steine berühren und bewundernd schnalzen. Zum Schluß führt er uns auf den höchsten Punkt der großen Treppe und gebietet Schweigen.

Also schweigen wir oben auf der Treppe. Der Augenblick ist feierlich. Alexandros stößt den Finger in die Luft und zeigt nach links. Alle wenden den Kopf: Das Tal, das zum Meer führt, und dahinter der Berg Ida mit der weißen Schneekappe auf dem Gipfel. »Dort war Zeus' Grotte, in halber Höhe.« Und tatsächlich, in halber Höhe des Berges ein dunkelblauer Fleck wie eine Spiegelscherbe. Alexandros zeigt

nach vorn: »Und dort ist Zeus geboren.« Das ist schon weniger deutlich. Der Geburtsort ist von einer Bergkette verdeckt. Deshalb muß man es glauben.
Ach, Alexandros, Alexandros, wenn ich dich ständig bei mir hätte, könnte ich Berge versetzen. Ich brächte mit dir den Kleinmütigen und den Eingebildeten die Ehrfurcht vor den Göttern bei. Vielleicht gelänge es uns, ungewöhnliche Dinge zu vollbringen, die Zeiten zu verbünden, die Verstorbenen mit den Lebenden auszusöhnen.
Jetzt steht Alexandros auf der höchsten Stufe der Treppe. Alle schweigen. Mir kommt der Gedanke, Alexandros wäre ein Wagenlenker. Sein steinerner Streitwagen Phaistos hätte für einen Augenblick angehalten.

Wieder sitze ich in Heraklion auf dem kleinen Venizelos-Platz und betrachte die Morosini-Fontäne. Ich ordne Notizen und Eindrücke. Ich möchte die Frage beantworten, was Kreta für mich ist, was mich hier am meisten bewegt hat.
Es gibt keinen anderen Weg zur Welt als den Weg des Mitgefühls.
Die Trümmer von Imperien, mächtigen Burgen und Metropolen ergreifen nicht so stark wie die Ruinen der minoischen Paläste. Es scheint, als wäre den Bewohnern des antiken Kreta der Hochmut der großen Zivilisation fremd gewesen. Sie hatten das Schicksal nicht herausgefordert. Sie waren bemüht, in ihrer Besonderheit und im trügerischen Gefühl der Sicherheit zu überdauern. Die entfesselten Elemente waren fast zu groß und viel zu grausam im Verhältnis zu dem, was sie vernichteten. Diese Ruinen – sind Ruinen einer Wiege, Ruinen eines Kinderzimmers.

Abreise.

Ein Dutzend Kilometer östlich von Heraklion liegt der Flugplatz, eine große Wiese ohne Ziegen und Schafe.
Das Flugzeug fliegt die ganze Zeit über dem Meer, das von oben gesehen hart wirkt wie gekerbter Stein. Wir schleppen den grauen Anker des Schattens hinter uns her. Die Kykladen. Unten die Inseln, wie fahle Häute wilder Tiere auf das Wasser geworfen.

Die Evans-Zitate wurden nach dem Buch von Leonard Cottrell »Der Faden der Ariadne«, deutsch von Micaela Mohr-Wille, Zürich 1954, angeführt (Anm. d. Übers.).

Der alte Prometheus

Schreibt Tagebücher. Versucht in ihnen den Ort des Helden im System der Unabwendbarkeit zu klären, die widersprüchlichen Begriffe der Rebellion und des Schicksals miteinander zu versöhnen.
Das Feuer im Kamin flammt lustig. In der Küche tummelt sich die Frau – ein exaltiertes Mädchen, das ihm keinen Sohn gebären kann, sich aber tröstet, daß es sowieso in die Geschichte eingehen wird. Vorbereitungen zum Abendessen, zu dem man den Ortspfarrer und den Apotheker, jetzt Prometheus' engsten Freund, erwartet.
Das Feuer im Kamin flammt lustig. An der Wand ein ausgestopfter Aar und das Dankschreiben des Tyrannen vom Kaukasus, dem es Prometheus' Erfindung möglich machte, die aufrührerische Stadt niederzubrennen.
Prometheus kichert leise. Das ist jetzt seine einzige Kundgebung des Haders mit der Welt.

Warum Klassiker

für A. H.

1

Im vierten buch des Peloponnesischen Krieges
erzählt Thukydides die geschichte seines mißlungenen feldzugs

neben den langen reden der führer
schlachten belagerungen seuchen
dichten netzen von intrigen
diplomatischen schritten
ist diese episode wie eine nadel
im wald

Amphipolis eine kolonie Athens
fiel in die hände von Brasidas
weil Thukydides mit dem entsatz zu spät kam

er zahlte der heimatstadt dafür
mit lebenslänglicher verbannung

die exilierten aller zeiten
kennen den preis

2

die generäle der letzten kriege
wenn ihnen ähnliches zustößt
winseln kniend vor der geschichte
beteuern ihr heldentum
und ihre unschuld

sie klagen die befehlsempfänger an

die neidischen kollegen
die ungünstigen winde

Thukydides sagte nur
er hätte sieben schiffe gehabt
es wäre winter gewesen
er wäre schnell gesegelt

3

wenn ein zerschlagener krug
zum thema der kunst wird
die kleine zerschlagene seele
mit dem großen leid über sich selbst

dann wird das was nach uns zurückbleibt
wie das weinen des liebespaares
in einem kleinen schmutzigen hotel
wenn morgens die tapeten dämmern

Notizen des Herausgebers

Der Autor

1924 in Lemberg geboren, studierte Rechte, Philosophie und Kunstgeschichte, bevor er 1956, nach dem *polnischen Oktober,* seine Gedichte und Essays zu publizieren anfing. Seitdem repräsentiert er als Lyriker und Essayist die Nachkriegsliteratur seines Landes: einerseits unverwechselbar eigenständig, andererseits als berufener Sprecher seiner Generation. 1972, nach seiner Rückkehr von langjährigen Auslandsreisen, wählte ihn der Schriftstellerverband in seinen Vorstand.
Herbert ist im Lande und außerhalb mehrmals mit Preisen ausgezeichnet, darunter 1965 mit dem Lenau-Preis des österreichischen Kultusministers und 1973 mit dem Gottfried-von-Herder-Preis der FVS-Stiftung Hamburg. In Deutschland ist er durch seine Buchpublikationen, einen längeren Berlin-Aufenthalt als Gast des Deutschen Akademischen Austauschdienstes und zahlreiche Lesungen in Rundfunkanstalten, literarischen Gesellschaften und Akademien (er ist korrespondierendes Mitglied der Bayerischen Akademie der schönen Künste) einer breiten Öffentlichkeit bekannt.

Das Buch

ist des Autors persönliche Form eines lyrischen und kunstkritischen Tagebuchs. Herberts Interesse galt der griechischen Geschichte, Landschaft und Kunst seit langem. Sein erster Lyrikband Lichtsaite (1956) enthält, lange bevor er sich eine Reise nach Griechenland leisten konnte, bereits die schönsten Gedichte des griechischen Themenkreises: *Nike wenn sie zögert, Fragment einer griechischen Vase, Gleichnis vom König Midas, Arion* und andere. Nach Griechenland reiste Herbert im August-September 1964, als Stipendiat der Ford-Foundation. Obwohl er mit Bescheinigungen und Bestätigungen seiner Förderer reichlich ausgestattet war, hatte er Schwierigkeiten ins Land gelassen zu werden, dann im Lande zu bleiben. Er bewanderte Attika, den Peloponnes und die Inseln – vor allem Kreta und Delos. Den stärksten Eindruck machte auf ihn Delphi, die größte Enttäuschung bereiteten ihm die Fresken in Knossos.

Der Fahrplan

Herberts Griechenland ist keine antiquierte Antike. Wer bei ihm nur bildungsbeflissene Gräkomanie sucht, kommt nicht auf seine Kosten. Herberts Studien folgen dem Sinn, den Walter Jens auf der Jahreshauptversammlung der Deutsch-Griechischen Gesellschaft am 18. 11. 1971 in Hamburg vorgetragen hatte: Hellas nicht als verklärende Legitimation aller stati quo usque zu verstehen, sondern als einen notwendigen Ansatz zum Verständnis der Gegenwart und zu ihrer kritischen Neufassung: als Gebrauchsanweisung für den Zeitgenossen, mit Mythen, diesem »einfachen, zusammenfassenden Ausdruck der Wirklichkeit« (Kazantzakis) umzugehen.
Herberts Dichtung – Lyrik, Dialog, Essay – stellt der üblichen Mythisierung ein eigenes Verfahren entgegen: den Versuch einer Auflösung der Mythologie, damit den Menschen geholfen werde, »den Mechanismus zu erkennen, der sie verstümmelt« (Adorno). So reduziert sich das aus nächster Nähe und nüchtern besehene Erhabene zum gewöhnlichen Alltag wie von selbst. Die Götter lösen ihre göttliche Genossenschaft auf und flüchten, jeder in seine Sicherheit, ohne auf den Teil der Beute, des Kassenstandes, des Firmenkapitals zu verzichten. *Zeus sprach wie gewöhnlich langweilig und lange. Athene schluchzte im Winkel.* Ein zum Heulen irdischer Himmel. Der sonst so verklärte Apoll ist in Herberts Perspek-

tive grausam, eine scharfe Umkehrung der Nietzscheanischen Konzeption vom Gott der Harmonie. Er neidet Marsyas seine göttlichen Fähigkeiten und zeigt sich im Wettstreit mit ihm erbärmlich selbstgerecht, neidisch und sadistisch gegen den Menschen, der es ihm gleichtun möchte und kann. Apollos Rachsucht ist in Herberts Vision so himmelschreiend, daß von ihr die Nachtigallen versteinern und die Bäume ergrauen. Der wiedergefundene, von Herbert rekonstruierte Homer ist es satt, immer nur Schlachten ... *gemetzelte helden und metzelnde helden* ... zu erzählen; es zieht ihn aus seinem Dunkel hinaus auf den Markt, wo die Fladen mit Zwiebeln besser duften als Marmor. Der Meister der antiken Dialektik, Sokrates, beschwört in seinem letzten Augenblick – nicht Zeus und nicht Merkur, sondern – Dionysos. Vor Nike, der Siegesgöttin, verharrt der Dichter geläutert, voll pazifistischer Gedanken: *mit dem herben geschmack des vaterlands unter der steifen zunge.* Auf dem Fragment einer griechischen Vase, wo man am wenigsten darauf gefaßt wäre, entdeckt er die Spuren vom *loblied des lebens.* Das geschichtsphilosophische Unterfangen des König Midas endet schließlich in der unköniglichen Einsicht, sich *von der drückenden leichtigkeit des scheins zu befreien, aus dem sand das verlorene kleeblatt zu bergen.*

In einem Interview der Warschauer *Polityka* (Nr. 9 vom 26. 2. 1972) wiederholte Herbert sein Motiv: »Ein ziemlich vereinfachendes Gedankenschema ist bei uns gängig, wonach Menschen, die über Vergangenes schreiben, vor der Gegenwart flüchten. Das ist selbstverständlich unwahr, denn die Kultur – trotz der weitverbreiteten Meinung – ist kein Erbgut, wie Omas Häuschen und die silberne Uhr, sondern etwas, was wir in uns reproduzieren, aufs neue erobern, ins Bewußtsein aufnehmen müssen. Etwas, was ebenso wichtig und schwierig ist wie die Gegenwartskunde.«

Und so findet der Wanderer die Honigkrüge von Minos trocken, leer und ohne Aroma, aber das Blut der Opfer ver-

folgt ihn von Stein zu Stein. In der Palastkultur der minoischen Nekropole spuken Zeichen unserer Zukunft.
Welcher andere Ort wäre geeigneter, Begriffen wie *Schicksal* nachzusinnen?
Im Gedicht *Warum Klassiker* motiviert der Klassiker Herbert den Sinn seiner Klassizität. Er bezieht eindeutig Partei der Geschlagenen und der Verbannten; des wortkargen Thukydides, der sich auf schöne Rechtfertigungen nicht versteht, der nur auf Tatsachen baut, und das nicht auf kleinen, kleinlichen Tatsachen seines eigenen Schicksals, sondern auf Tatsachen der Geschichte. Denn

wenn ein zerschlagener krug
zum thema der kunst wird
die kleine zerschlagene seele
mit dem großen leid über sich

wird das was nach uns zurückbleibt
wie das weinen des liebespaares
in einem kleinen schmutzigen hotel
wenn morgens die tapeten dämmern

Inhalt

mit Angabe der Übersetzer (in Klammern): (De) = Karl Dedecius, (St) = Klaus Staemmler, (Ti) = Walter Tiel

Die Quellen

Originalausgaben der Gedichte (G), Dialoge (D) und Essays (E) von Zbigniew Herbert:

G 1. *Struna światła* (Lichtsaite). Warszawa 1956.
2. *Hermes, pies i gwiazda* (Hermes, Hund und Stern). Warszawa 1957.
3. *Studium przedmiotu* (Studium des Gegenstandes). Warszawa 1961.
4. *Napis* (Inschrift). Warszawa 1969.
5. *Wiersze zebrane* (Gesammelte Gedichte). Warszawa 1971.

D 6. *Dramaty* (Dramen). Warszawa 1970.

E 7. *Barbarzyńca w ogrodzie* (Barbar im Garten). Warszawa 1962/1964.

Die deutschen Ausgaben
(alle im Suhrkamp Verlag Frankfurt am Main)

G 1. *Gedichte.* Aus dem Polnischen übertragen und mit einem Nachwort versehen von Karl Dedecius. es 88. 1964.
2. *Inschrift.* Gedichte aus zehn Jahren. 1956–1966. Herausgegeben und übertragen von Karl Dedecius. 1967.

D 3. *Die Höhle der Philosophen.* Deutsch von Heinrich Kunstmann. 1966.
4. *Das andere Zimmer.* Aus dem Polnischen von Heinrich Kunstmann. 1966.

E 5. *Ein Barbar in einem Garten.* Aus dem Polnischen übersetzt von Walter Tiel. es 111. 1965.
6. *Ein Barbar in einem Garten 2.* Aus dem Polnischen übersetzt von Klaus Staemmler. es 365. 1970.

V 7. *Im Vaterland der Mythen.* Griechische Aufzeichnungen. Gedichte, Dialoge, Essays. Herausgegeben von Karl Dedecius. BS 339. 1973. Aus dem Polnischen von Karl Dedecius, Klaus Staemmler und Walter Tiel.

Nicht in diesen Büchern enthalten und deshalb polnischen Zeitschriften (Z) und Manuskripten des Autors (M) entnommen sind folgende Beiträge des Bandes:

Akropolis – aus: Twórczość 1/1969, Warszawa (Warschau).

Der Fall Samos – aus: Odra 3/1972, Wrocław (Breslau).

Das Labyrinth am Meer – aus: Twórczość 2/1973, Warszawa (Warschau).

M Die Geschichte des Minotaurus

Der alte Prometheus

Die den »Dramen« entnommenen Dialog-Fragmente sind für diese Ausgabe auf Wunsch des Autors neu übersetzt.

Bibliothek Suhrkamp

Verzeichnis der letzten Nummern

399 Oscar Wilde, Die romantische Renaissance
400 Marcel Proust, Tage des Lesens
402 Paul Nizan, Das Leben des Antoine B.
403 Hermann Heimpel, Die halbe Violine
404 Octavio Paz, Das Labyrinth der Einsamkeit
405 Stanisław Lem, Das Hohe Schloß
406 André Breton, Nadja
407 Walter Benjamin, Denkbilder
408 Mircea Eliade, Die Sehnsucht nach dem Ursprung
409 Rainer Maria Rilke, Über Dichtung und Kunst
410 Ödön von Horváth, Italienische Nacht
411 Jorge Guillén, Ausgewählte Gedichte
412 Paul Celan, Gedichte I
413 Paul Celan, Gedichte II
414 Rainer Maria Rilke, Das Testament
415 Thomas Bernhard, Die Macht der Gewohnheit
416 Zbigniew Herbert, Herr Cogito
417 Wolfgang Hildesheimer, Hauskauf
418 James Joyce, Dubliner
419 Carl Einstein, Bebuquin
420 Georg Trakl, Gedichte
421 Günter Eich, Katharina
422 Alejo Carpentier, Das Reich von dieser Welt
423 Albert Camus, Jonas
424 Jesse Thoor, Gedichte
425 T. S. Eliot, Das wüste Land
426 Carlo Emilio Gadda, Die Erkenntnis des Schmerzes
427 Michel Leiris, Mannesalter
428 Hermann Lenz, Der Kutscher
429 Mircea Eliade, Das Mädchen Maitreyi
430 Ramón del Valle-Inclán, Tyrann Banderas
431 Raymond Queneau, Zazie in der Metro
432 Rainer Maria Rilke, Briefe zur Politik
433 William Butler Yeats, Die geheime Rose
434 Juan Rulfo, Pedro Páramo
435 André Breton, L'Amour fou
436 Marie Luise Kaschnitz, Gedichte
437 Jerzy Szaniawski, Der weiße Rabe
438 Ludwig Hohl, Nuancen und Details
439 Mario Vargas Llosa, Die kleinen Hunde
440 Thomas Bernhard, Der Präsident
441 Hermann Hesse – Thomas Mann, Briefwechsel

442 Hugo Ball, Flametti
443 Adolfo Bioy Casares, Morels Erfindung
444 Hermann Hesse, Wanderung
445 Ödön von Horváth, Don Juan
446 Flann O'Brien, Der dritte Polizist
447 Giuseppe Tomasi di Lampedusa, Der Leopard
448 Robert Musil, Törleß
449 Elias Canetti, Der Überlebende
450 Robert Walser, Geschwister Tanner
451 Alfred Döblin, Berlin Alexanderplatz
452 Gertrude Stein, Paris Frankreich
453 Johannes R. Becher, Gedichte
454 Federico García Lorca, Bluthochzeit/Yerma
455 Ilja Ehrenburg, Julio Jurenito
456 Boris Pasternak, Kontra-Oktave
457 Juan Carlos Onetti, Die Werft
458 Anna Seghers, Die schönsten Sagen vom Räuber Woynok
459 Harry Levin, James Joyce
464 Franz Kafka, Der Heizer
465 Wolfgang Hildesheimer, Masante
466 Evelyn Waugh, Wiedersehen mit Brideshead
467 Gershom Scholem, Walter Benjamin
468 Rainer Maria Rilke, Duineser Elegien
469 Hugo von Hofmannsthal/Rainer Maria Rilke, Briefwechsel
470 Alain, Die Pflicht glücklich zu sein
471 Wolfgang Schadewaldt, Der Gott von Delphi
472 Hermann Hesse, Legenden
473 H. C. Artmann, Gedichte
474 Paul Valéry, Zur Theorie der Dichtkunst
476 Erhart Kästner, Aufstand der Dinge
477 Stanisław Lem, Der futurologische Kongreß
478 Theodor Haecker, Tag- und Nachtbücher
479 Peter Szondi, Satz und Gegensatz
480 Tania Blixen, Babettes Gastmahl
481 Friedo Lampe, Septembergewitter
482 Heinrich Zimmer, Kunstform und Yoga
483 Hermann Hesse, Musik
486 Marie Luise Kaschnitz, Orte
487 Hans-Georg Gadamer, Vernunft im Zeitalter der Wissenschaft
488 Yukio Mishima, Nach dem Bankett
489 Thomas Bernhard, Amras
490 Robert Walser, Der Gehülfe
491 Patricia Highsmith, Als die Flotte im Hafen lag
492 Julien Green, Der Geisterseher
493 Stefan Zweig, Die Monotonisierung der Welt
494 Samuel Beckett, That Time/Damals
495 Thomas Bernhard, Die Berühmten

496 Günter Eich, Marionettenspiele
497 August Strindberg, Am offenen Meer
498 Joseph Roth, Die Legende vom heiligen Trinker
499 Hermann Lenz, Dame und Scharfrichter
500 Wolfgang Koeppen, Jugend
501 Andrej Belyj, Petersburg
503 Cortázar, Geschichten der Cronopien und Famen
504 Juan Rulfo, Der Llano in Flammen
505 Carlos Fuentes, Zwei Novellen
506 Augusto Roa Bastos, Menschensohn
508 Alejo Carpentier, Barockkonzert
509 Elisabeth Borchers, Gedichte
510 Jurek Becker, Jakob der Lügner
512 James Joyce, Die Toten/The Dead
513 August Strindberg, Fräulein Julie
514 Sigmund Freud, Eine Kindheitserinnerung des Leonardo da Vinci
515 Robert Walser, Jakob von Gunten
517 Luigi Pirandello, Mattia Pascal
519 Rainer Maria Rilke, Gedichte an die Nacht
520 Else Lasker-Schüler, Mein Herz
521 Marcel Schwob, 22 Lebensläufe
522 Mircea Eliade, Die Pelerine
523 Hans Erich Nossack, Der Untergang
524 Jerzy Andrzejewski, Jetzt kommt über dich das Ende
525 Günter Eich, Aus dem Chinesischen
526 Gustaf Gründgens, Wirklichkeit des Theaters
527 Martin Walser, Ehen in Philippsburg
528 René Schickele, Die Flaschenpost
529 Flann O'Brien, Das Barmen
533 Wolfgang Hildesheimer, Biosphärenklänge
534 Ingeborg Bachmann, Malina
535 Ludwig Wittgenstein, Vermischte Bemerkungen
536 Zbigniew Herbert, Ein Barbar in einem Garten
537 Rainer Maria Rilke, Ewald Tragy
538 Robert Walser, Die Rose
539 Malcolm Lowry, Die letzte Adresse
540 Boris Vian, Die Gischt der Tage
541 Hermann Hesse, Josef Knechts Lebensläufe
542 Hermann Hesse, Magie des Buches
543 Hermann Lenz, Spiegelhütte
544 Federico García Lorca, Gedichte
545 Ricarda Huch, Der letzte Sommer
546 Wilhelm Lehmann, Gedichte
547 Walter Benjamin, Deutsche Menschen
548 Bohumil Hrabal, Tanzstunden für Erwachsene und Fortgeschrittene
549 Nelly Sachs, Gedichte

550 Ernst Penzoldt, Kleiner Erdenwurm
551 Octavio Paz, Gedichte
552 Luigi Pirandello, Einer, Keiner, Hunderttausend
553 Strindberg, Traumspiel
554 Carl Seelig, Wanderungen mit Robert Walser
555 Gershom Scholem, Von Berlin nach Jerusalem
556 Thomas Bernhard, Immanuel Kant
557 Ludwig Hohl, Varia
559 Raymond Roussel, Locus Solus
560 Jean Gebser, Rilke und Spanien
561 Stanisław Lem, Die Maske · Herr F.
562 Raymond Chandler, Straßenbekanntschaft Noon Street
563 Konstantin Paustowskij, Erzählungen vom Leben
564 Rudolf Kassner, Zahl und Gesicht
565 Hugo von Hofmannsthal, Das Salzburger große Welttheater
567 Siegfried Kracauer, Georg
568 Valery Larbaud, Glückliche Liebende ...
570 Graciliano Ramos, Angst
571 Karl Kraus, Über die Sprache
572 Rudolf Alexander Schröder, Ausgewählte Gedichte
573 Hans Carossa, Rumänisches Tagebuch
574 Marcel Proust, Combray
575 Theodor W. Adorno, Berg
576 Vladislav Vančura, Der Bäcker Jan Marhoul
577 Mircea Eliade, Die drei Grazien
578 Georg Kaiser, Villa Aurea
579 Gertrude Stein, Zarte Knöpfe
580 Elias Canetti, Aufzeichnungen
581 Max Frisch, Montauk
582 Samuel Beckett, Um abermals zu enden
583 Mao Tse-tung, 39 Gedichte
584 Ernst Kreuder, Die Gesellschaft vom Dachboden
585 Peter Weiss, Der Schatten des Körpers des Kutschers
586 Herman Bang, Das weiße Haus
587 Herman Bang, Das graue Haus
588 Hermann Broch, Menschenrecht und Demokratie
589 D. H. Lawrence, Auferstehungsgeschichte
590 O'Brien, Zwei Vögel beim Schwimmen
591 André Gide, Die Rückkehr des verlorenen Sohnes
592 Jean Gebser, Lorca oder das Reich der Mütter
593 Robert Walser, Der Spaziergang
594 Natalia Ginzburg, Caro Michele
595 Raquel de Queiroz, Das Jahr 15
596 Hans Carossa, Ausgewählte Gedichte
597 Mircea Eliade, Der Hundertjährige
599 Hans Mayer, Doktor Faust und Don Juan
600 Thomas Bernhard, Ja

601 Marcel Proust, Der Gleichgültige
602 Hans Magnus Enzensberger, Mausoleum
603 Stanisław Lem, Golem XIV
604 Max Frisch, Der Traum des Apothekers von Locarno
605 Ludwig Hohl, Vom Arbeiten · Bild
606 Herman Bang, Exzentrische Existenzen
607 Guillaume Apollinaire, Bestiarium
608 Hermann Hesse, Klingsors letzter Sommer
609 René Schickele, Die Witwe Bosca
610 Machado de Assis, Der Irrenarzt
611 Wladimir Trendrjakow, Die Nacht nach der Entlassung
612 Peter Handke, Die Angst des Tormanns beim Elfmeter
613 André Gide, Die Aufzeichnungen und Gedichte des André Walter
614 Bernhard Guttmann, Das alte Ohr
616 Ludwig Wittgenstein, Bemerkungen über die Farben
617 Paul Nizon, Stolz
618 Alexander Lernet-Holenia, Die Auferstehung des Maltravers
619 Jean Tardieu, Mein imaginäres Museum
620 Arno Holz/Johannes Schlaf, Papa Hamlet
621 Hans Erich Nossack, Vier Etüden
622 Reinhold Schneider, Las Casas vor Karl V.
624 Ludwig Hohl, Bergfahrt
627 Vladimir Nabokov, Lushins Verteidigung
628 Donald Barthelme, Komm wieder Dr. Caligari
629 Louis Aragon, Libertinage, die Ausschweifung
630 Ödön von Horváth, Sechsunddreißig Stunden
631 Bernard Shaw, Sozialismus für Millionäre
632 Meinrad Inglin, Werner Amberg. Die Geschichte seiner Kindheit
633 Lloyd deMause, Über die Geschichte der Kindheit
634 Rainer Maria Rilke, Die Sonette an Orpheus
635 Aldous Huxley, Das Lächeln der Gioconda
637 Wolf von Niebelschütz, Über Dichtung
638 Henry de Montherlant, Die kleine Infantin
639 Yasushi Inoue, Eroberungszüge
640 August Strindberg, Das rote Zimmer
641 Ernst Simon, Entscheidung zum Judentum
642 Albert Ehrenstein, Briefe an Gott
645 Marie Luise Kaschnitz, Beschreibung eines Dorfes
646 Thomas Bernhard, Der Weltverbesserer
647 Wolfgang Hildesheimer, Exerzitien mit Papst Johannes
648 Volker Braun, Unvollendete Geschichte
649 Hans Carossa, Ein Tag im Spätsommer 1947
651 Regina Ullmann, Ausgewählte Erzählungen
652 Stéphane Mallarmé, Eines Faunen Nachmittag
653 Flann O'Brien, Das harte Leben
654 Valery Larbaud, Fermina Marquez
671 Yehudi Menuhin, Kunst und Wissenschaft als verwandte Begriffe

Bibliothek Suhrkamp

Alphabetisches Verzeichnis